まちごとチャイナ

Hebei 004 Chengde

承徳

避暑山荘と「清朝のすべて」

Asia City Guide Production

【白地図】承徳と華北

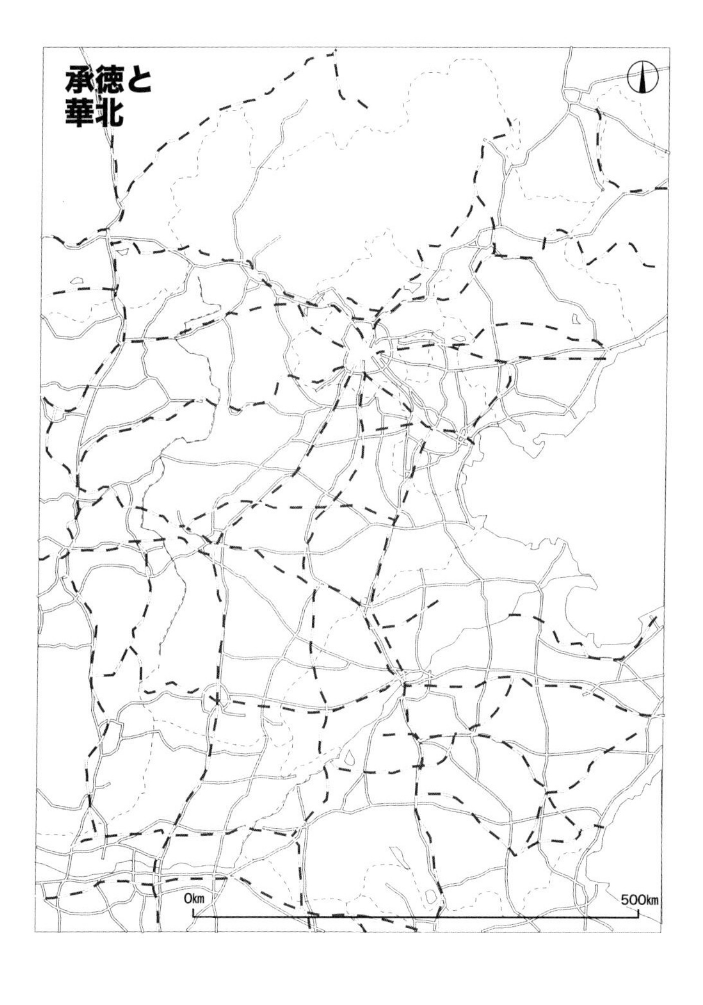
承徳と
華北
0km
500km

【白地図】承徳

承徳
0km
3km

【白地図】避暑山荘正宮

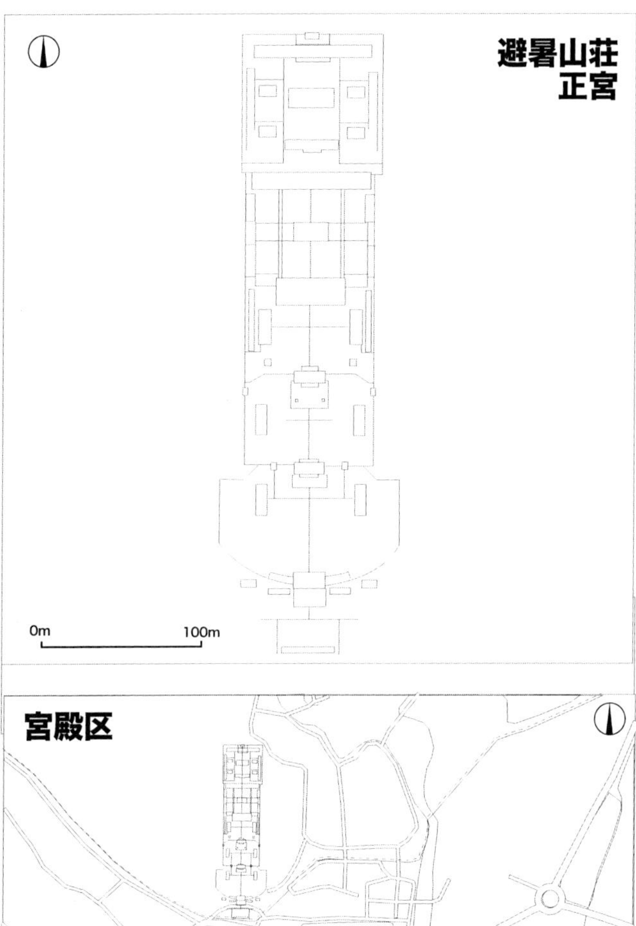
避暑山荘
正宮
0m
100m

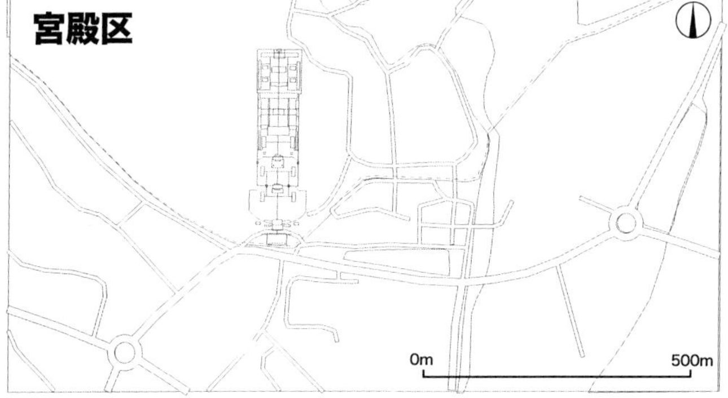
宮殿区
0m
500m

【白地図】湖泊区平原区

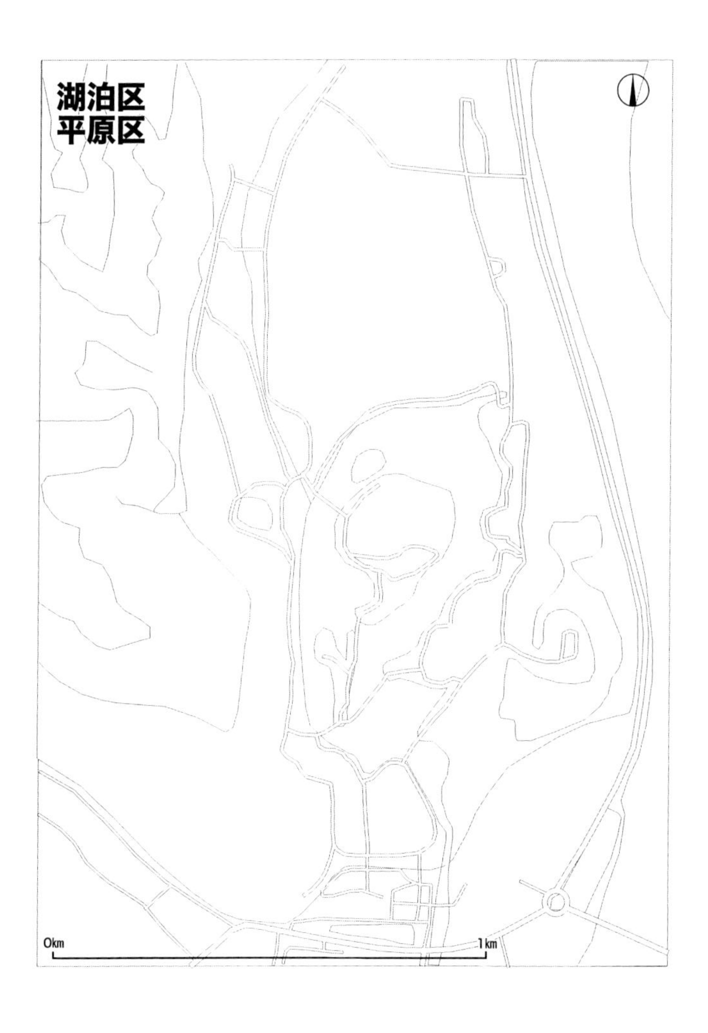
湖泊区
平原区
0km
1km

【白地図】避暑山荘山巒区

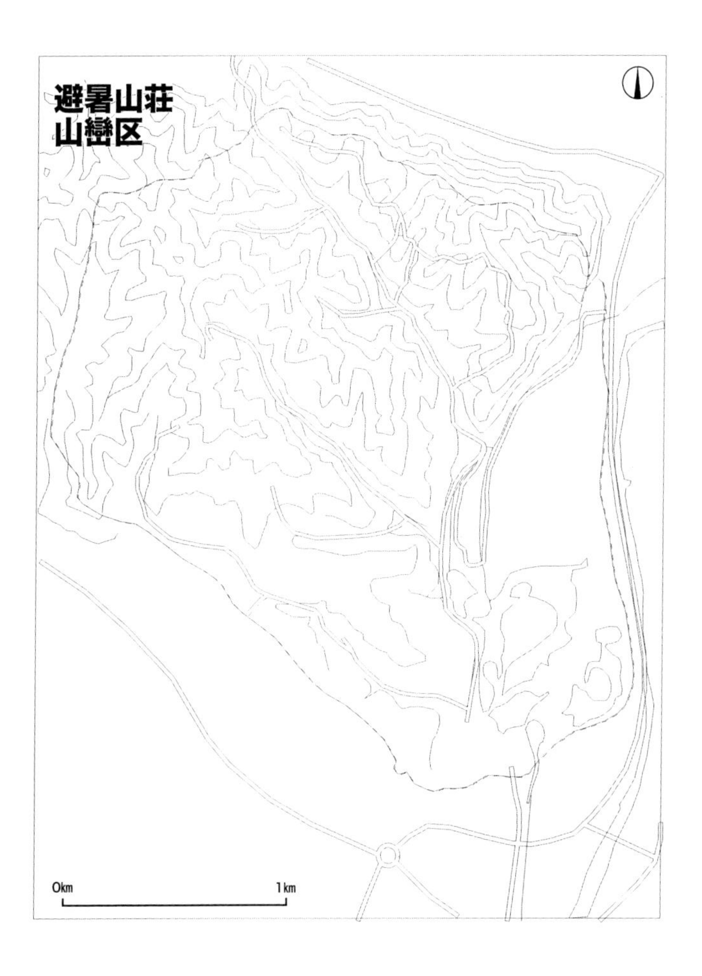
避暑山荘
山巒区
0km
1km

【白地図】普陀宗乗之廟

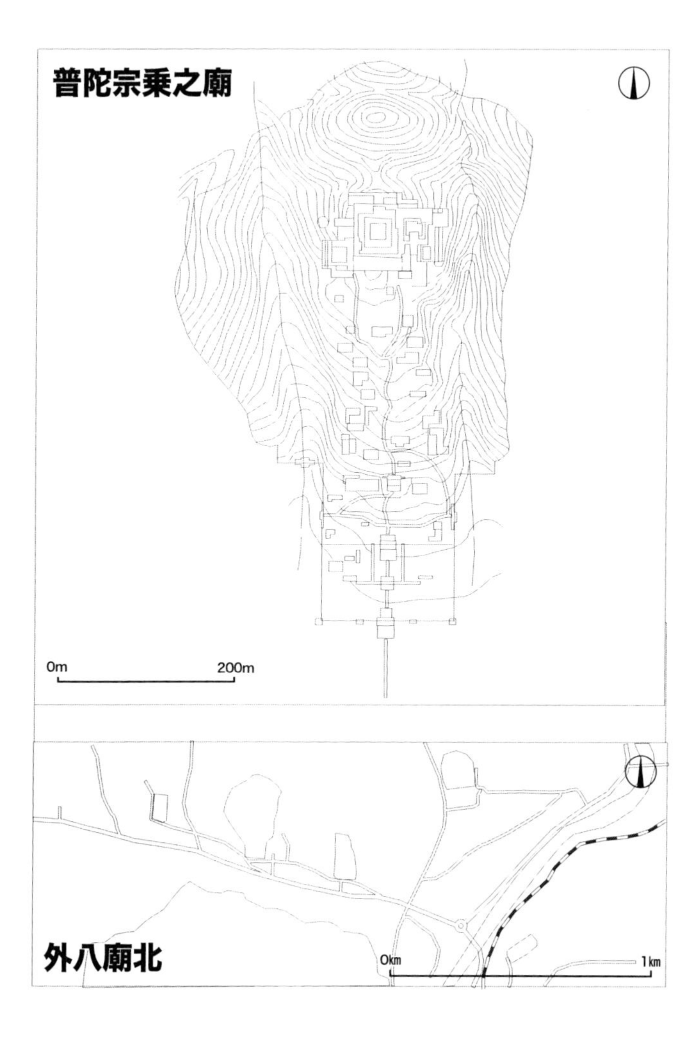
普陀宗乘之廟
0m
200m
外八廟北
0km
1km

【白地図】須弥福寿之廟

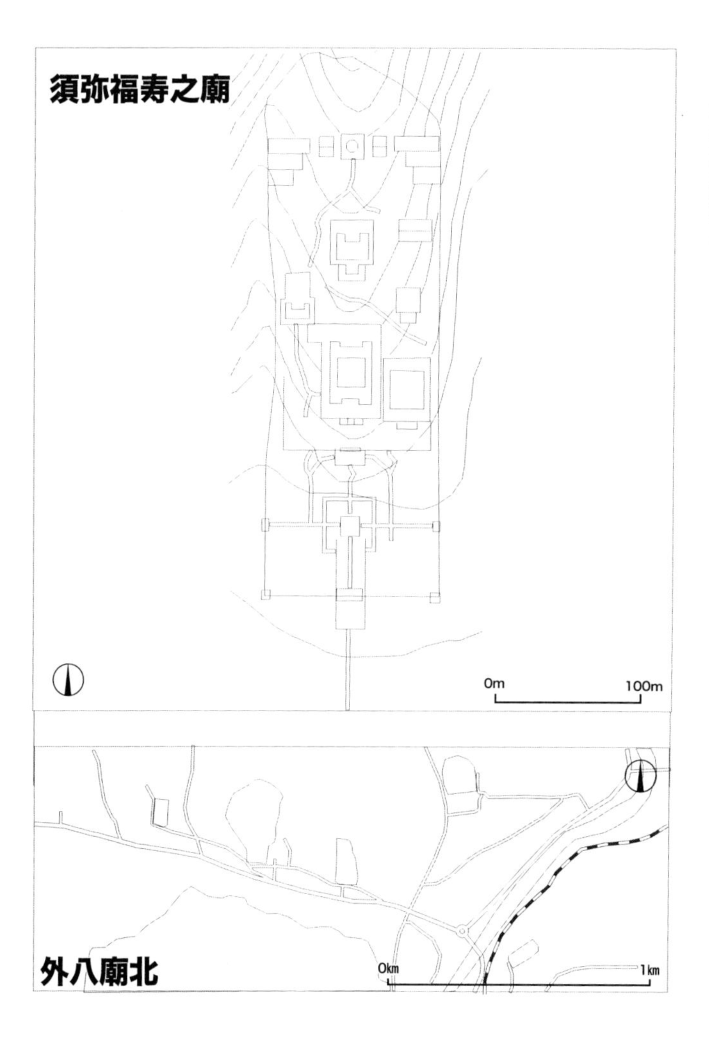
須弥福寿之廟
0m
100m
外八廟北
0km
1km

【白地図】普寧寺

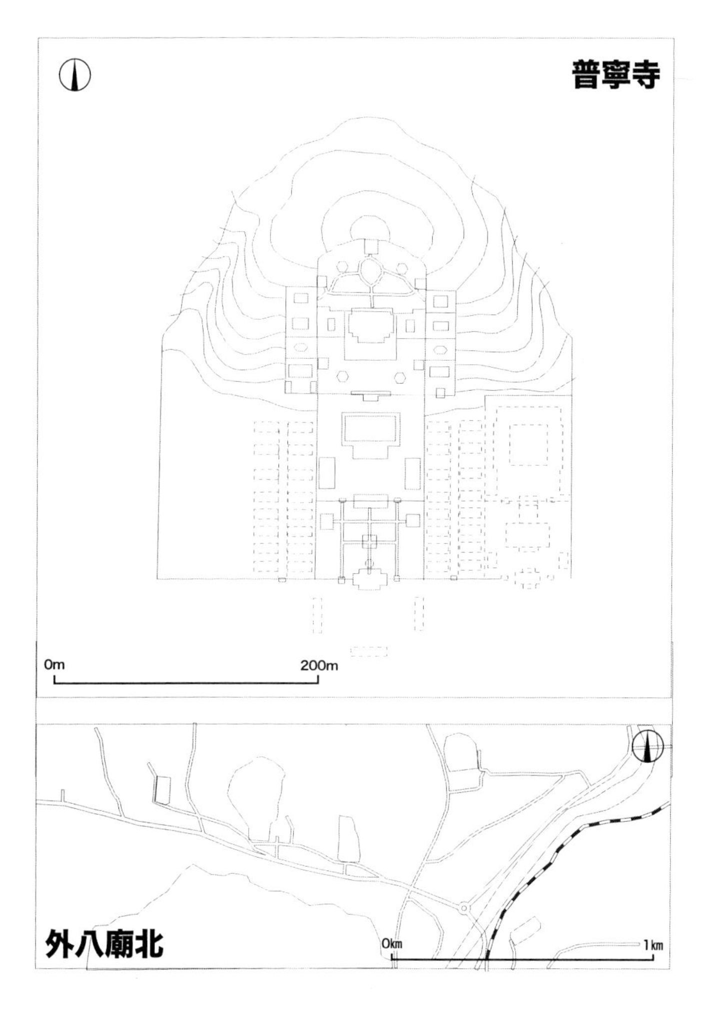
普寧寺
0m
200m
外八廟北
0km
1km

【白地図】外八廟東

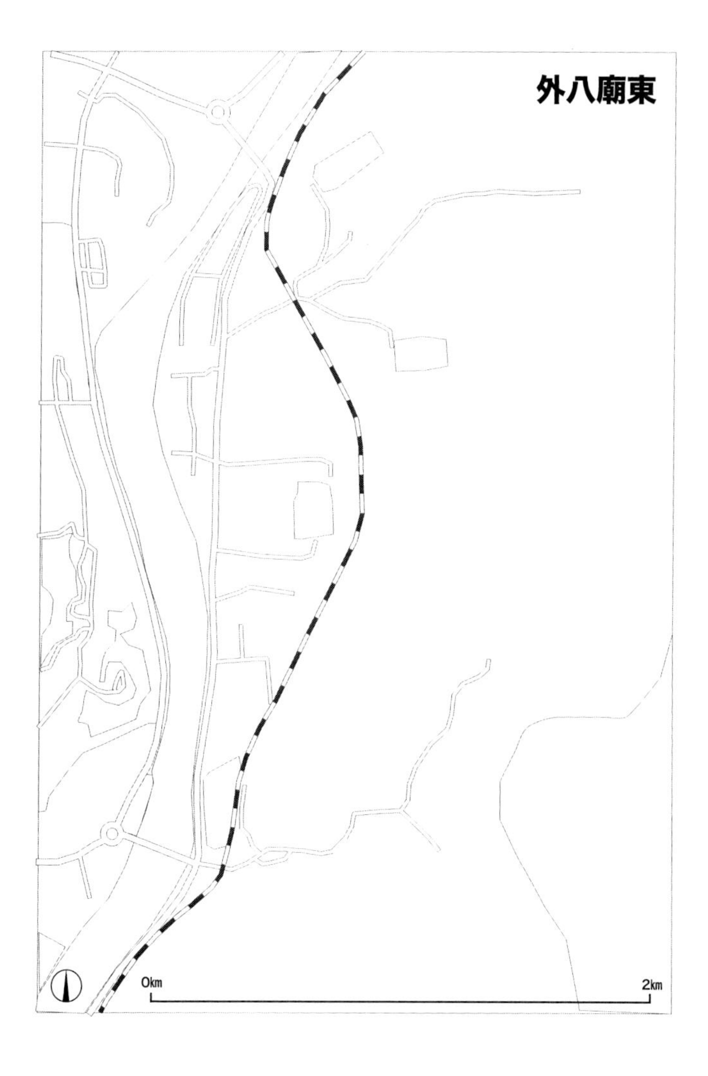
外八廟東
0km
2km

【白地図】承徳市街

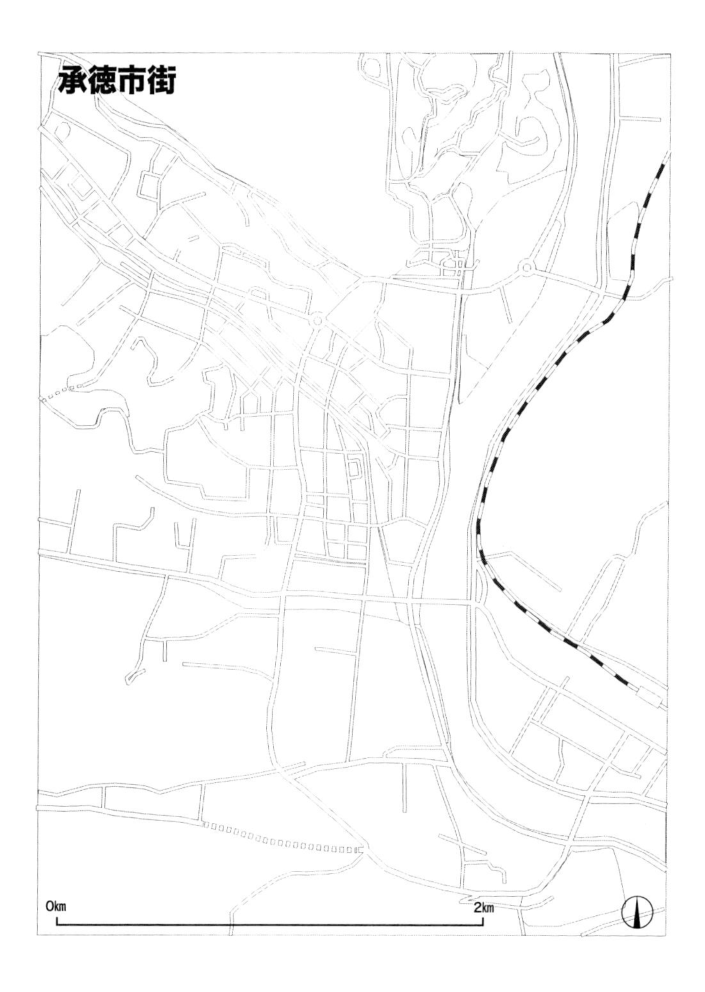
承徳市街
0km
2km

【白地図】市街中心部

市街中心部
0m
500m

【白地図】承徳郊外

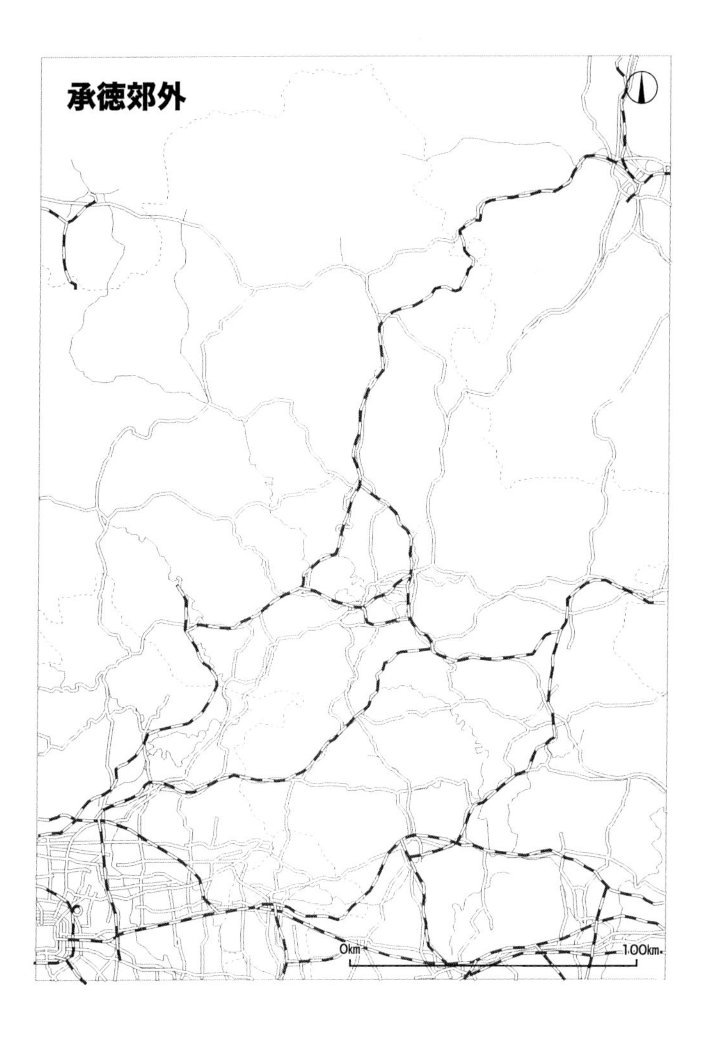
承徳郊外
0km
100km

【まちごとチャイナ】

河北省 001 はじめての河北省

河北省 002 石家荘

河北省 003 秦皇島

河北省 004 承徳

河北省 005 張家口

河北省 006 保定

河北省 007 邯鄲

CHINA
河北省

中国史上最大の版図を現出させた清朝皇帝が夏を過ごした離宮「避暑山荘」の残る承徳。清朝統治者にあたった満州族（遼寧省）、モンゴル族（内蒙古）、漢族（華北）の故地のちょうど中間、北京から万里の長城を越えて北東224kmに位置する。

狩猟と軍事演習を兼ねてしばしば長城外を訪れていた清朝第4代康熙帝（在位 1661 ～ 1722 年）は、四方を山に囲まれたこの地の風光を気に入り、離宮の建設を命じた。1703 年から 90 年のあいだ、康熙帝とその孫にあたる乾隆帝時代まで避

暑山荘の造営は続き、北京、江南、チベット、モンゴルなど中国各地の様式をもつ宮殿や寺院が承徳に再現された。

こうしてつくられた承徳避暑山荘は、北京の故宮と頤和園をあわせたよりも大きな敷地面積をもち、中国庭園芸術の最高峰にもあげられる（1994年、避暑山荘とそれをとり囲む外八廟は世界遺産に指定された）。またそれまでほとんど何もなかったところに清朝皇帝の行宮がつくられたことから、承徳は「モンゴリアの荒野に出現した魔法の都」と称される。

【まちごとチャイナ】

河北省 004 承徳

目次

【MEMO】

【地図】承徳と華北

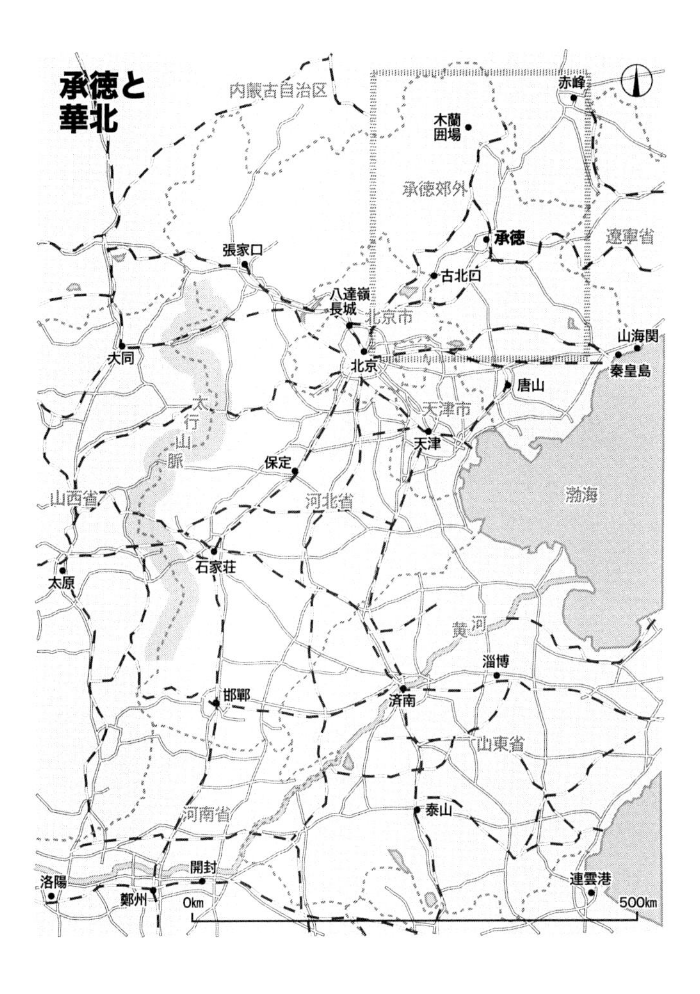
承徳と
華北
内蒙古自治区
赤峰
木蘭
囲場
承徳郊外
承徳
遼寧省
張家口
古北口
八達嶺
長城
北京市
山海関
大同
北京
秦皇島
唐山
太
行
山
脈
天津市
天津
保定
渤海
山西省
河北省
石家荘
太原
黄
河
淄博
邯鄲
済南
山東省
泰山
河南省
開封
洛陽
鄭州
連雲港
0km
500km

CHINA
河北省

地大物博
大清帝国
の栄華

強大な権力をにぎった清朝皇帝
承徳避暑山荘と外八廟は清朝最盛期の
第４代康熙帝から第６代乾隆帝のあいだに造営された

清朝のすべてを再現

1644年、中国東北部を出自とする満州族が万里の長城を越えて（入関）、中国全土に君臨した清朝（1616～1912年）時代。少数の満州族が大多数の漢族を統治し、モンゴル族、チベット族、イスラム教徒の回族やウイグル族などがその版図で暮らしていた。そのため清朝皇帝は漢族には儒教的な皇帝（北京紫禁城）として、モンゴル族にはチンギス・ハン以来の大ハーンとして、チベット族にはチベット仏教の大施主としてのぞんだ。直轄地である漢族の土地に対して、モンゴル、青海、チベット、新疆などは藩部と呼ばれ、「旗（満州族）」、「漢（漢族)」、「藩（少数民族)」という異なる性格の民族を包括していた。万里の長城外に位置する承徳は、清朝皇帝が藩部の少数民族にのぞむ場所であり、ラサのポタラ宮、シガツェのタシルンポ寺、北京天壇の祈年殿など各地の建築様式が集められた。現在の中華人民共和国（1949年〜）の領土は、清朝時代の領土規模を継承する。

モンゴルに隣接する承徳

承徳は北京から古北口で万里の長城を越えた街道沿いに位置し、北は内蒙古の赤峰、西はドロンノールへ続く地にあたる。

清朝離宮が築かれる1703年以前はモンゴル族の放牧地だったところで、万里の長城に接したカラチン（承徳一帯）は「モンゴリアのなかでもっとも美しい地方」と呼ばれた。当時、東進してきたロシアとの国境問題が出てきたこともあり、清朝第4代康熙帝はモンゴル族カラチンの地に目をつけ、協力関係をつくることで「(モンゴル族を）長城よりもはるかに難攻不落の国境要塞」とした。承徳は燕山山脈中にあって四方を山に囲まれた盆地の地形をもち、武烈河（熱河）が北から南へ流れる。増水時、ジャンク船が灤河を通って承徳と渤海を往来したものの、夏のみ清朝皇帝が訪れる陸の孤島のような側面もあった。

▲左　チベット仏教の法要が行なわれていた、普寧寺にて。　▲右　普陀宗乗之廟の中心に立つ万法帰一殿

熱河・承徳の地名と変遷

承徳の古名「熱河」は、街を流れる武烈河（熱河）から名づけられている。付近から温泉が出て、冬でも凍結しないためモンゴル族に呼ばれていた「ハロン・ゴル（熱い河）」が漢訳された。1793年、清朝第6代乾隆帝の誕生祝いの祝賀に訪れたマカートニーがこの地を訪れたことをきっかけに、「熱河（ルウハァ）」がなまって「ジョホール（Jehol）」の名でヨーロッパに知られるようになった。この熱河は1733年、街の建設者にあたる第4代康熙帝（在位1661～1722年）の「徳を受け継ぐ」という意味で、承徳と命名されている。中華民

国時代の 1928 年に熱河省がおかれると、承徳はその省都となり、1933 年の熱河作戦以後、日本傀儡の満州国の一部を形成した（1933 ～ 45 年）。1956 年、熱河省は河北省、遼寧省、内蒙古自治区に再編された。

承徳の構成

武烈河の流れる盆地に開けた承徳の街。武烈河の西側、この盆地の大部分を清朝皇帝の離宮「避暑山荘」がしめ、一周 10kmの城壁がめぐらされている。この避暑山荘をとり囲むように、チベット仏教と中国仏教寺院の「外八廟」が位置し、北京の外にある8つの廟から名づけられた（全部で11の寺廟があったが、そのうちの8つを清朝が管理した）。「承徳市街」は避暑山荘の南側に広がるが、地形上の制約とあまりにも広大な避暑山荘にくらべて、押し出されたように不定形で小さいものとなっている。この承徳の構成からは清朝皇帝を中心に、南側に「漢族の世界（承徳市街）」、北側に「チベット・モンゴルの世界（チベット仏教寺院）」、東側に「その両方をあわせた世界（中国仏教寺院）」という中国全土の縮図、曼荼羅にたとえられる世界観が見られる。

【地図】承徳の［★★★］

- □ 避暑山荘 避暑山庄ビイシュウシャンチュゥアン
- □ 宮殿区 宮殿区ゴォンディエンチュウ
- □ 外八廟 外八庙ワァイバアミャオ
- □ 普陀宗乗之廟 普陀宗乘之庙
  プウトゥオツォンチャンチイミャオ
- □ 須弥福寿之廟 须弥福寿之庙
  スウミイフウショウチイミャオ
- □ 普寧寺 普宁寺プウニィンスウ

【地図】承徳の［★★☆］

- □ 澹泊敬誠殿 澹泊敬诚殿
  ダァンボオジィンチェンディエン
- □ 湖泊区 湖泊区フウボオチュウ
- □ 永佑寺 永佑寺ヨォンヨウスウ
- □ 普楽寺 普乐寺プウラアスウ
- □ 承徳市街 承徳城市チァンダアァチャンシイ

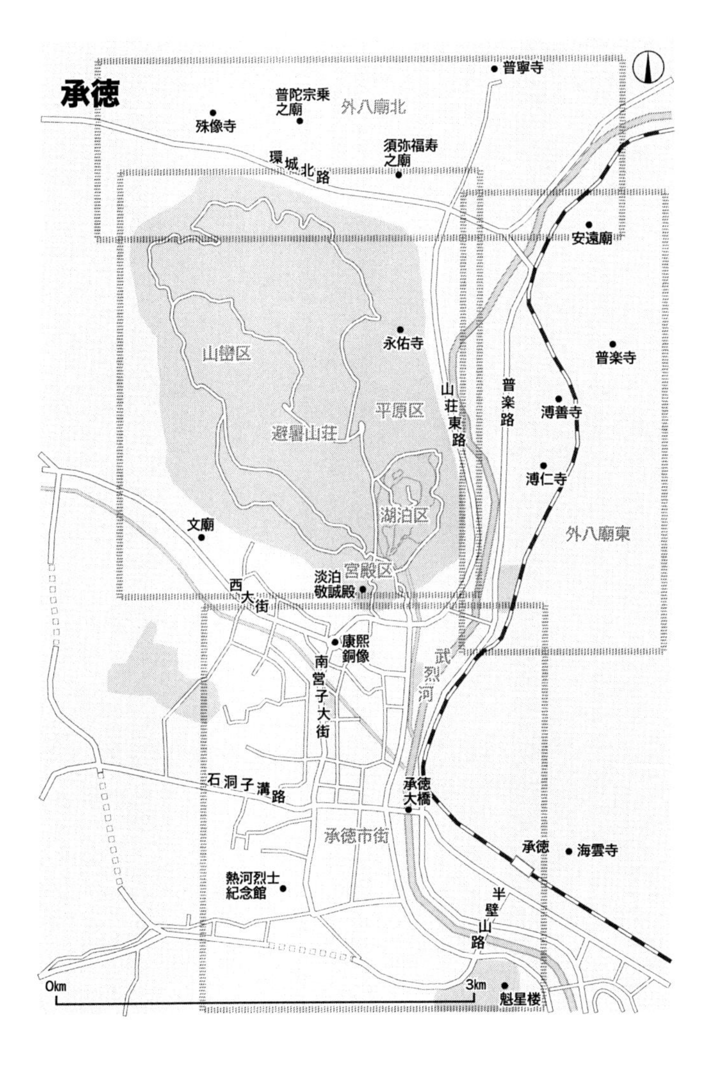
承徳
普寧寺
普陀宗乗之廟
外八廟北
殊像寺
須弥福寿之廟
環城北路
安遠廟
永佑寺
山巒区
普楽寺
平原区
山荘東路
普楽路
溥善寺
避暑山荘
溥仁寺
湖泊区
文廟
外八廟東
宮殿区
淡泊敬誠殿
西大街
康熙銅像
南営子大街
武烈河
石洞子溝路
承徳大橋
承徳市街
承徳
海雲寺
熱河烈士紀念館
半壁山路
0km
3km
魁星楼

【地図】承徳の［★☆☆］

- □ 康熙銅像 康熙铜像カァンシイトォンシィアン
- □ 平原区 平原区ピィンユゥエンチュウ
- □ 山巒区 山峦区シャンルゥアンチュウ
- □ 殊像寺 殊像寺シュウシィアンスウ
- □ 安遠廟 安远庙アンユゥエンミャオ
- □ 溥仁寺 溥仁寺プウレンスウ
- □ 西大街（広仁大街）西大街シイダアジィエ
- □ 文廟 文庙ウェンミャオ
- □ 南営子大街 南营子大街ナァンインツウダアジエ
- □ 熱河烈士紀念館 热河烈士纪念馆 ルウハアリィエシイジイニィエングゥアン
- □ 武烈河 武烈河ウウリィエハァ
- □ 承徳駅 承德站チァンダアァヂャン
- □ 魁星楼 魁星楼クゥイシィンロウ

【MEMO】

CHINA
河北省

Guide, Bi Shu Shan Zhuang
避暑山荘鑑賞案内

北京の故宮と頤和園をあわせたよりも大きい
560万平方メートルの敷地をもつ避暑山荘
清朝皇帝がここで夏を過ごした

北京から承徳への道

清朝第4代康熙帝（在位1661～1722年）は、夏のあいだ北京から万里の長城を越えて、避暑と狩猟、軍事演習を兼ねて木蘭囲場を訪れていた。木蘭囲場は承徳の北、内蒙古に連なる囲場県にあり、北京からの街道沿いに20ほどの行宮がもうけられていた。やがて周囲を美しい自然に囲まれた喀喇河屯行宮（承徳市双滦区滦河鎮）での滞在は1か月にもおよぶようになり、1703年、その近くの承徳に大規模な離宮「避暑山荘」が建設された。北京から古北口を越えて承徳にいたる道では、普通の道とは別に皇帝のみが通ることのできる御道が走っていて、皇帝の巡行にあわせて道路が改修された（また川にかけられたある橋は、皇帝が渡るたびに壊され、新たにかけ直された）。皇帝はこの御道を16人のかつぐ輿に乗って移動し、旗や傘を立てた官吏や宦官が続いた。有事の際、承徳から北京まで2日で戻ることができ、また急ぎの伝令は早朝北京を出発すればその夜に承徳に着いたのだという。

康熙銅像 康熙铜像
kāng xī tóng xiàng カァンシイトォンシィアン［★☆☆］

避暑山荘の前方（南側）、承徳市街中心の火神廟環島に立つ康熙銅像。1703年、康熙帝（在位1661～1722年）は文官と武官をひきいた木蘭囲場での狩猟にあたって、熱河（承徳）の行宮に着いたとき、磬錘峰がそびえる奇観、美しい山々と水に囲まれたこの地に離宮の造営を命じた。こうしてそれまでモンゴル族の放牧地で、数十戸ほどの寒村だった承徳に清朝皇帝の離宮が出現した。康熙帝は清朝の黄金時代を築いた中国屈指の名君とされ、承徳避暑山荘でモンゴルの諸部族、チベットや辺境の民族に謁見した。承徳という街名は、街の創始者でもある康熙帝の「徳を継承する」という意味から名づけられている。

▲左　清朝第４代皇帝、承徳の創始者である康熙銅像。　▲右　避暑山荘をぐるりと囲む周囲 10kmの宮壁

関帝廟 关帝庙 **guān dì miào グゥアンディイミャオ**［★☆☆］

避暑山荘の南側に隣接し、その門前を守るように立つ関帝廟。1732 年、承徳の商人たちがお金を出しあって建てたのをはじまりとし、1778 年、清朝第 6 代乾隆帝時代に再建された（中国の伝統的な都市には、孔子をまつる文廟と関羽をまつる武廟が必ずあった）。この廟にまつられた三国志の英雄関羽は財神廟の性格ももち、漢族はもちろん、満州族からも信仰を集め、「(関帝廟は) 満州族の家廟」とも言われた。旧正月や季節ごとの行事には廟会が開かれ、芝居や劇を見るために周囲の農村からも人びとが集まった。また清朝皇帝に謁見する

モンゴル諸侯や北京の官吏たちがここに宿泊するということもあった。

避暑山荘 避暑山庄
bì shǔ shān zhuāng ビイシュウシャンチュゥアン［★★★］
承徳の街の大部分をしめ、「承徳離宮」や「熱河行宮」の名でも知られる避暑山荘。1703年、清朝第4代康熙帝の命で築かれて以来、第6代乾隆帝時代まで90年の月日をかけて完成した。清朝皇帝が毎年6～9月ごろまで過ごしてモンゴル諸侯や外国の使節団と謁見し、「夏の紫禁城」とも言える政治の中心地だった。大きく宮殿区、苑景区に、苑景区はさらに湖泊区、平原区、山巒区にわけられ、中国に現存する最大の皇室庭園となっている。広大な敷地のなか仏教寺院や亭が点在し、康熙帝命名の「3文字の36景」、乾隆帝命名の「4文字の36景」、あわせて72景の景勝地が残る（康熙帝時代の宮殿は質素だが、乾隆帝時代に派手になった）。山や石などの山水に見えるかたちで人の手を加える一般的な中国庭園と違って、自然の美をそのまま利用し、そのところどころに人工の建築物をおく様式をもつ。また避暑山荘をとり囲む外八廟や磬錘峰をはじめとする山を借景とする。

宮壁 宮墻 **gōng qiáng ゴォンチィアン**［★☆☆］

避暑山荘をぐるりと囲む全長10kmの宮壁。清朝皇帝の行在する離宮と街をわけ、地形にあわせて走ることから小長城とも言われた（万里の長城にたとえられた）。伝統的な中国の街では、宮壁のほかに街全体を囲む城壁がめぐらされていたが、承徳には街を囲む城壁はなかったという。

【MEMO】

Guide, Gong Dian Qu
宮殿区鑑賞案内

避暑山荘のもっとも南に位置する宮殿区
北京や瀋陽の故宮よりも質素なたたずまいをし
ここで清朝皇帝は夏を過ごした

宮殿区 宮殿区gōng diàn qūゴォンディエンチュウ［★★★］
清朝皇帝が夏のあいだ過ごし、避暑山荘の中心でもあった宮殿区。皇帝が政務をとり、起居した「正宮」、その東側に現在はなくなってしまった「東宮（東宮遺址)」、正宮と東宮のあいだに「松鶴斎」、正宮北東に「万壑松風」といった宮殿が位置する。第4代康熙帝の命で1703年から建設がはじまり、1711年にひとまず完成した。康熙帝時代の宮殿は質素だが、奢侈を好む乾隆帝時代に次々と宮殿が増築され、1790年まで造営が続いた。皇帝の生誕祭や儀式、諸民族への謁見などが行なわれ、避暑山荘宮殿区は清朝「夏の政治の舞台」となっていた。

正宮 正宮 zhèng gōng チェンゴォン［★★★］

宮殿区の主体となるのが正宮で、麗正門から軸線上に建物がならび、大小９つの中庭が奥に連続する。正宮のこの建築様式は故宮と同じ中国の伝統的なものだが、故宮と違って派手な装飾はおさえられ、木材などの素材をそのまま活かした質素な宮殿となっている。淡泊敬誠殿が皇帝が政務をとった「外朝」の、烟波致爽殿が皇帝が后妃たちと私生活を送った「内廷」の中心だった。

麗正門 丽正门 **lì zhèng mén リイチェンメン**［★★☆］

麗正門は避暑山荘の正門（南門）で、左からモンゴル文字、ウイグル文字、漢字、チベット文字、満州文字で「麗正門」と記された扁額が見える。清朝では満州語とモンゴル語、漢語が公用語で、5種類の文字は皇帝が藩部の少数民族に接した承徳の性格を示している。麗正門に続く内午門には康熙帝による「避暑山荘」の文字が見え、その門をくぐると宮殿区に入っていく。この麗正門は乾隆帝時代の1754年に建設された。

【地図】避暑山荘正宮の［★★★］

□ 避暑山荘 避暑山庄ビイシュウシャンチュゥアン
□ 宮殿区 宮殿区ゴォンディエンチュウ
□ 正宮 正宮チェンゴォン

【地図】避暑山荘正宮の［★★☆］

□ 麗正門 丽正门リイチェンメン
□ 澹泊敬誠殿 澹泊敬诚殿ダァンボオジィンチェンディエン
□ 烟波致爽殿 烟波致爽殿イェンボオチイシュゥアンディエン
□ 万壑松風 万壑松风ワァンハァソォンフェン
□ 水心榭 水心榭シュイシンシィエ

【地図】避暑山荘正宮の［★☆☆］

□ 四知書屋 四知书屋スウチイシュウウウ
□ 万歳照房 万岁照房ワァンスイチャオファン
□ 雲山勝地 云山胜地ユンシャンシェンデイィ
□ 松鶴斎 松鹤斋ソォンハアチャイ
□ 宮壁 宫墙ゴォンチィアン
□ 武烈河 武烈河ウウリィエハァ
□ 康熙銅像 康熙铜像カァンシイトォンシィアン
□ 火神廟環島 火神庙环岛フゥオシェンミャオフゥアンダオ
□ 関帝廟 关帝庙グゥアンディイミャオ
□ 西大街（広仁大街）西大街シイダアジィエ

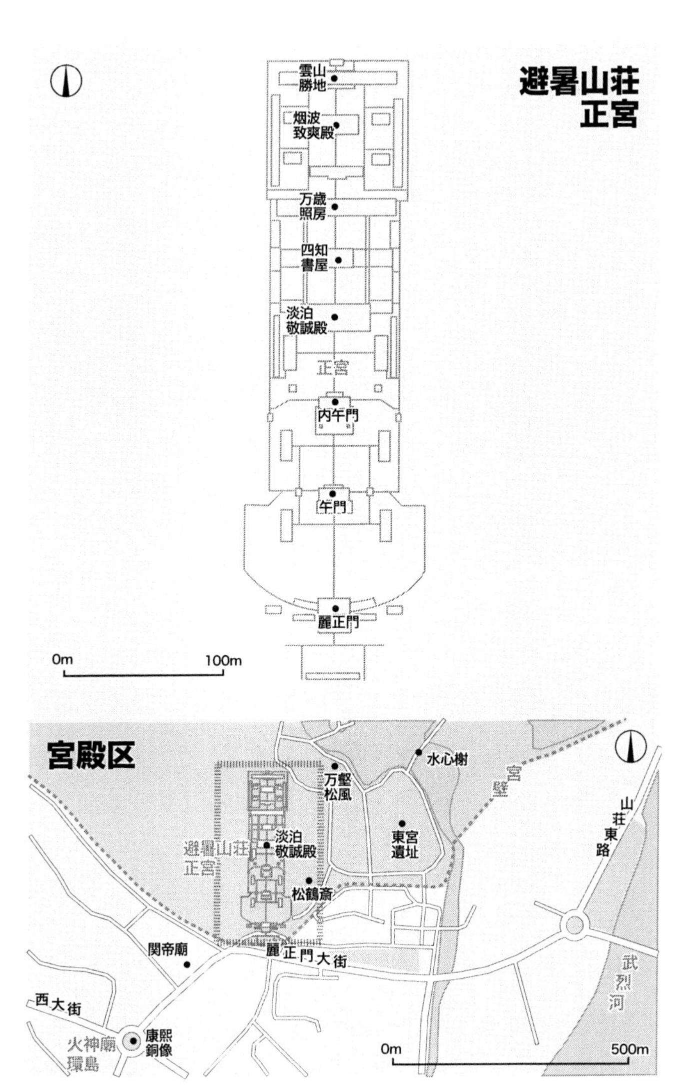
避暑山荘
正宮
雲山勝地
烟波致爽殿
万歳照房
四知書屋
淡泊敬誠殿
正宮
内午門
午門
麗正門
0m
100m
宮殿区
水心榭
万壑松風
東宮遺址
宮壁
山荘東路
淡泊敬誠殿
避暑山荘正宮
松鶴斎
関帝廟
麗正門大街
武烈河
西大街
火神廟環島
康熙銅像
0m
500m

河北省

澹泊敬誠殿 澹泊敬诚殿 **dàn bó jìng chéng diàn**
ダァンボオジィンチェンディエン［★★☆］

避暑山荘の正殿にあたり、清朝皇帝が政務をとった澹泊敬誠殿。避暑山荘の造営がはじまった1703年に建設され、乾隆帝時代の1754年に楠木を素材にして改築された。そのため楠木殿の愛称で親しまれ、雨の日などは楠木の香りもただよう。また北京の故宮と違って、柱や壁が彩色されておらず、素材のもとの姿が活かされている。清朝皇帝はパンチェン・ラマ6世などの要人とここ澹泊敬誠殿で謁見した。

四知書屋 四知书屋

sì zhī shū wū スウチイシュウウウ［★☆☆］

淡白敬誠殿の背後に位置する四知書屋。ここで皇帝は上奏文に目を通したり、家臣たちに謁見し、また淡白敬誠殿における政務のあいだの休憩や着替えをする場所でもあった。「四知」とは『易経』に記された理想の君子像を示す「知微」「知彰」「知柔」「知剛」からとられている。

河北省

万歳照房 万岁照房
wàn suì zhào fáng ワァンスイチャオファン［★☆☆］

万歳照房は清朝皇帝につき添う宮女たちが暮らした宮殿。東西に細長く、柱間が19あることから、十九間照房と呼ばれている。

烟波致爽殿 烟波致爽殿 **yān bō zhì shuǎng diàn**
イェンボオチイシュゥアンディエン［★★☆］

避暑山荘正宮の後方は内廷にあたり、その中心だったのが烟波致爽殿。皇帝や皇后、妃たちが起居する寝宮（後宮）で、

▲左　質素を旨とした康熙帝、故宮や頤和園とひと味違う雰囲気。　▲右　承徳では漢字のほか、チベット文字、満州文字、モンゴル文字が目につく

外朝の淡白敬誠殿に対する私生活の場だった。1860年のアロー号事件にあたって、清朝第9代咸豊帝は避暑山荘に逃れ、ここでなくなっている。烟波致爽殿の東西の建物は后妃のもので、西太后もこの場所に身をおいていた。

雲山勝地 云山胜地
yún shān shèng dì ユンシャンシェンデイィ［★☆☆］

避暑山荘正宮の後方に立つ雲山勝地。楼閣内に階段がなく、外側の築山を階段代わりに使って2階にのぼる。1710年に建てられ、宮殿北側から湖と美しい山並みが視界に入る。中

秋には皇后や妃たちがここで月の神をまつったという。

万壑松風 万壑松风
wàn hè sōng fēng ワァンハァソォンフェン ［★★☆］

正宮の北東後方に位置し、大小6つの建物からなる万壑松風。中庭の奥に立つ万壑松風は湖畔にのぞみ、ここで康熙帝が書物を読み、書をしたためたという。また万壑松風の前殿（鑑始斎）で、康熙帝は孫の乾隆帝とたわむれたと伝えられる。避暑山荘宮殿区でも初期の1708年に建てられた。

松鶴斎 松鹤斋 **sōng hè zhāi ソォンハアチャイ**［★☆☆］

正宮と東宮遺址のあいだに立つ小規模な松鶴斎。乾隆帝時代の 1749 年に追加された宮殿で、母の孝聖憲皇后のために造営され、不老不死を象徴する「松鶴」という名前がつけられた。ここで乾隆帝の母は鶴を放し飼いにしたと言われ、避暑山荘は 1792 年の松鶴斎継得堂の建設で完成した。また中華民国時代、承徳に拠点をおいた軍閥湯玉麟の都督府がここにおかれていた（1933 年の熱河作戦以前、湯玉麟が承徳を統治していた）。

東宮遺址 东宫遗址
dōng gōng yí zhǐ ドォンゴォンイイチイ［現存せず］

東宮は正宮の東側に建てられた宮殿で、火災によって焼失し、跡形はない。かつては3階建ての戯台の清音閣が立ち、その向かいの福寿閣から皇帝や皇后が劇を楽しんだという。

夏の都

北方遊牧民は牧草地を求めて季節ごとに移動して生活し、モンゴル族の樹立した元（1260～1368年）では、大都（北京）が「冬の都」、上都が「夏の都」とされた。満州族の清朝でも同様のスタイルがとられ、夏のあいだ北京の皇族や官吏が承徳に移動し、承徳は「夏の都」の様相を呈していた（現在、中南海の政治家たちは避暑をかねて夏、北戴河で会議を行なっている）。とくに第4代康熙帝、第6代乾隆帝、第7代嘉慶帝はひんぱんに承徳を訪れ、モンゴル族とともに木蘭囲場で狩猟を行なった（第5代雍正帝は承徳を訪れていない。第7代嘉慶帝は避暑山荘で雷に打たれて生命を落とした）。1860年のアロー号事件では第9代咸豊帝は北京から承徳に逃れ、ここが行宮となった。

Guide, Hu Bo Qu
湖泊区鑑賞案内

CHINA
河北省

江南の美しい風光が再現された湖泊区
山荘の勝地まさにこの一湖にあり
とたたえられた

湖泊区 湖泊区 **hú bó qū フウボオチュウ** ［★★☆］

宮殿区の北側に広がる7つの湖から構成され、大小8つの島が浮かぶ湖泊区。最大の如意湖と澄湖を中心とし、のちに南の銀湖、東の鏡湖が開削された。1703年、避暑山荘の造営にあたって、武烈河西岸の温泉（熱河）を中心とした人造湖を整備したことをはじまりとする。この湖泊区では康熙帝や乾隆帝が南巡で訪れた江南の景色が再現され、杭州西湖蘇堤の「芝径雲堤」、鎮江金山の「金山上帝閣」、蘇州獅子林の「文園島」、蘇州滄浪亭の「滄浪嶼」、嘉興南湖煙雨楼の「煙雨楼」というように対応する。広大な湖のほとりに亭や楼閣が立ち、湖泊区を歩けば蓮や樹木など水辺の景色が変化していく。また冬、凍結するこの湖で、日本統治時代（戦前）はスケート大会も開かれたという。

水心榭 水心榭 **shuǐ xīn xiè シュイシンシィエ**［★★☆］

宮殿区から北東に伸びる堤に立ち、湖面に映える水心榭。康熙帝時代の1709年に建てられ、3つのこぶりな亭が均等にならぶ。湖の水量は水門で調整されているため、水面に近いところで景色を楽しむことができる。

【地図】湖泊区平原区の［★★★］

□ 避暑山荘 避暑山庄ビイシュウシャンチュゥアン

□ 宮殿区 宮殿区ゴォンディエンチュウ

□ 正宮 正宮チェンゴォン

【地図】湖泊区平原区の［★★☆］

□ 万壑松風 万壑松风ワァンハァソォンフェン

□ 湖泊区 湖泊区フウボオチュウ

□ 水心榭 水心榭シュイシンシィエ

□ 金山上帝閣 金山上帝阁ジィンシャンシャンディイガア

□ 蒙古包 蒙古包モォングウバァオ

□ 永佑寺 永佑寺ヨォンヨウスウ

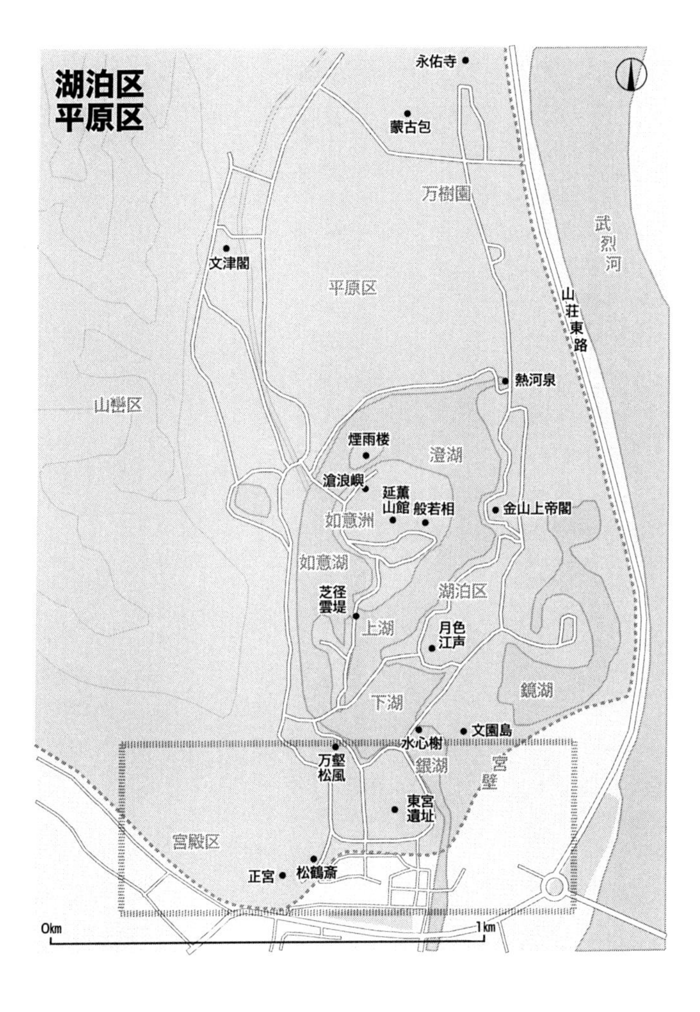
湖泊区
平原区
永佑寺
蒙古包
万樹園
文津閣
平原区
武
烈
河
山
荘
東
路
熱河泉
山巒区
煙雨楼
澄湖
滄浪嶼
延薫
山館
般若相
金山上帝閣
如意洲
如意湖
芝径
雲堤
湖泊区
上湖
月色
江声
鏡湖
下湖
水心榭
文園島
万壑
松風
銀湖
宮
壁
東宮
遺址
宮殿区
松鶴斎
正宮
0km
1km

【地図】湖泊区平原区の［★☆☆］

- □ 宮壁 宮墻ゴォンチィアン
- □ 松鶴斎 松鹤斋ソォンハアチャイ
- □ 月色江声 月色江声ユゥエサァジィアンシェン
- □ 芝径雲堤 芝径云堤チイジィンユンディイ
- □ 如意洲 如意洲ルウイイチョウ
- □ 煙雨楼 烟雨楼イェンユウロウ
- □ 熱河泉 热河泉ルウハアチュァン
- □ 平原区 平原区ピィンユゥエンチュウ
- □ 文津閣 文津阁ウェンジィンガア
- □ 万樹園 万树园ワァンシュウユゥエン
- □ 山巒区 山峦区シャンルゥアンチュウ
- □ 武烈河 武烈河ウウリィエハァ

【MEMO】

月色江声 月色江声

yuè sè jiāng shēng ユゥエサァジィアンシェン ［★☆☆］

水心榭の北側に立つ月色江声。月色江声は島の名前をさし、北宋の詩人蘇東坡の『赤壁賦』の詩意からとられている。1703 年、島名にあわせて華北の四合院建築が建てられた。

芝径雲堤 芝径云堤

zhī jìng yún dī チイジィンユンディイ ［★☆☆］

如意湖と上湖をわけるように走る堰堤の芝径雲堤。1703 年、避暑山荘の造営にあたって、康熙帝はまずここから庭園づく

▲左　長城外の承徳では満州料理の伝統も残る。　▲右　３つの亭がつらなる水心榭

りをはじめ、自ら設計にも参加したという。この芝径雲堤は杭州西湖の蘇堤（官吏蘇東坡にちなむ堰堤）を再現したものとなっている。

如意洲 如意洲 **rú yì zhōu ルウイイチョウ**［★☆☆］

湖泊区最大の島で、もっとも多くの景勝地が点在する如意洲。如意洲という名前は、島のかたちが如意（仏具）に似ていることから名づけられた。正宮が完成する前、康熙帝が政務をとった延薫山館を中心にいくつもの楼閣や亭が残る。この地では祭祀や儀礼も行なわれ、延薫山館東の般若相（皇室の仏教寺院）では熱河総管が龍王や天神に豊作を祈った。

煙雨楼 烟雨楼 **yān yǔ lóu イェンユウロウ**［★☆☆］

如意洲の北側に浮かぶ小さな青蓮島に立つ煙雨楼。乾隆帝時代の 1780 年、江南の嘉興南湖の煙雨楼をもとに建てられた。湖面にのぞむ 2 層のたたずまいを見せる。

金山上帝閣 金山上帝阁 **jīn shān shàng dì gé**
ジィンシャンシャンディイガア［★★☆］

湖泊区の東側に立つ金山上帝閣。鎮江の金山を模してつくられ、避暑山荘ではめずらしい3層の楼閣の上部からは湖が見渡せる。道教の上帝がまつられていて、別名を玉皇閣という。

熱河泉 热河泉 **rè hé quán ルウハアチュァン**［★☆☆］

承徳の古名「熱河」の由来になった熱河泉。温泉が湧き出し、この泉の水が武烈河に流れて冬でも凍結しないこともあったので、武烈河は熱河と呼ばれ、それが街名になった。熱河泉は「水、暖春のごとし」とたたえられ、泉のそばには石碑が立つ。

Guide,
Ping Yuan Shan Luan
平原山巒
鑑賞案内

乾隆帝時代の領土拡大にともなって
承徳の重要性は増した
皇帝がモンゴル諸侯をもてなした平原区

平原区 平原区píng yuán qū ピィンユゥエンチュウ［★☆☆］
湖泊区の北側は、夏、青々と茂る草原が広がる平原区で、ゲル（包）も見える。ここは清朝の満州族に協力したモンゴル諸侯を迎えるための草原で、北方民族の生活に適した環境が整備された。康熙帝や乾隆帝はモンゴル諸侯や貴族を招いて宴を開き、ここで外国からの使節に謁見した。

文津閣 文津阁 **wén jīn gé ウェンジィンガア**［★☆☆］

乾隆帝の命で1772年から10年の月日をかけて編纂された『四庫全書』。文津閣は内廷四閣（北京紫禁城文淵閣、北京円明園文源閣、瀋陽文溯閣）のひとつで、中国古今東西の書物を集成した『四庫全書』の正本がおさめられた。1774年に建てられ、平原区の西側、丘陵に近い場所に位置する。文津閣の建築は浙江省寧波にある天一閣（現存する東洋最古の図書館）をもとに設計され、書物の保存に最適の様式なのだという。第9代咸豊帝の時代（1860年）、アロー号事件で円明園文源閣が破壊されたため、ここ文津閣から書物が北京に移された。

▲左　承徳避暑山荘は世界遺産に指定されている。　▲右　万寿園近くに建てられた永佑寺

万樹園 万树园
wàn shù yuán ワァンシュウユゥエン［★☆☆］

平原区の一角をしめ、鶴や鹿、うさぎなどが生息していた万樹園。ここは清朝皇帝が 1754 年に清朝に帰順したモンゴル族ドルベト部長ツェリンやパンチェン・ラマ 6 世、北方の少数民族や外国使節に謁見したところ。この万樹園では、周囲に黄色い旗を立てて壁とし、その中央に皇帝用の直径 24m の「包（テント）」がはられた。万樹園での行事や盛大な宴は「大蒙古包宴」と呼ばれ、競馬、モンゴル相撲、花火の打ち上げなどが行なわれた（大蒙古包宴は、チンギス・ハン以

【地図】避暑山荘山巒区の［★★★］

- □ 避暑山荘 避暑山庄ビイシュウシャンチュゥアン
- □ 宮殿区 宮殿区ゴォンディエンチュウ
- □ 正宮 正宮チェンゴォン
- □ 外八廟 外八庙ワァイバアミャオ
- □ 普陀宗乗之廟 普陀宗乘之庙
  プウトゥオツォンチャンチイミャオ
- □ 須弥福寿之廟 须弥福寿之庙
  スウミイフウショウチイミャオ

【地図】避暑山荘山巒区の［★★☆］

- □ 蒙古包 蒙古包モォングウバァオ
- □ 永佑寺 永佑寺ヨォンヨウスウ
- □ 麗正門 丽正门リイチェンメン
- □ 湖泊区 湖泊区フウボオチュウ
- □ 金山上帝閣 金山上帝阁ジィンシャンシャンディイガア
- □ 承徳市街 承德城市チァンダアァチャンシイ

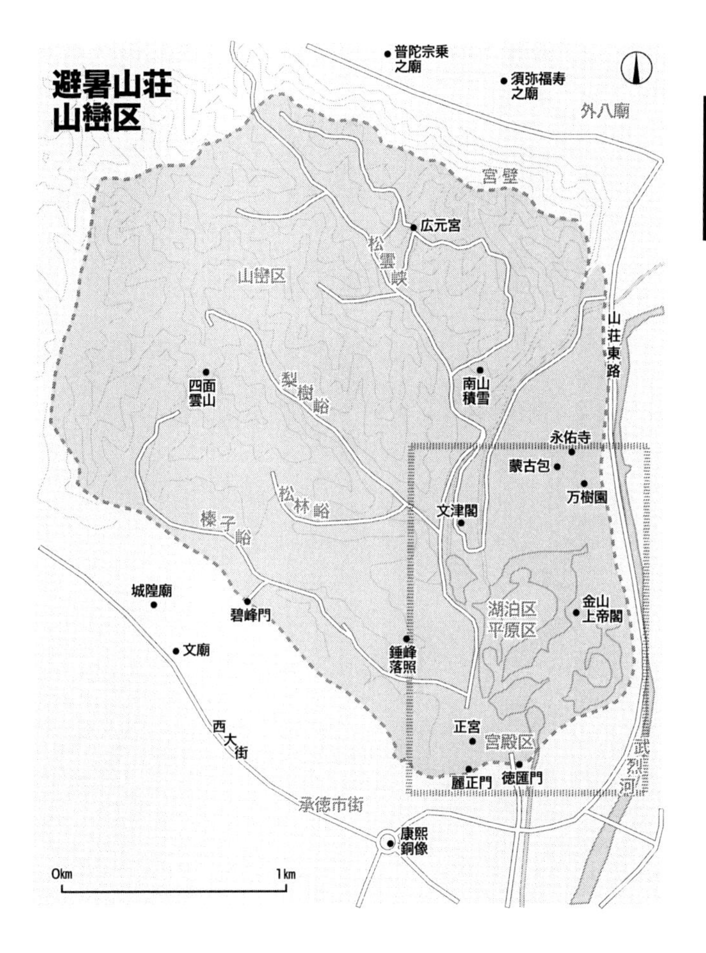
避暑山荘
山巒区
普陀宗乗之廟
須弥福寿之廟
外八廟
宮壁
広元宮
松雲峡
山巒区
山荘東路
四面雲山
梨樹峪
南山積雪
永佑寺
蒙古包
万樹園
松林峪
文津閣
榛子峪
城隍廟
碧峰門
湖泊区
平原区
金山上帝閣
文廟
錘峰落照
西大街
正宮
宮殿区
麗正門
徳匯門
武烈河
承徳市街
康熙銅像
0km
1km

【地図】避暑山荘山巒区の［★☆☆］

- □　平原区 平原区ピィンユゥエンチュウ
- □　文津閣 文津阁ウェンジィンガア
- □　万樹園 万树园ワァンシュウユゥエン
- □　山巒区 山峦区シャンルゥアンチュウ
- □　武烈河 武烈河ウウリィエハァ
- □　康熙銅像 康熙铜像カァンシイトォンシィアン
- □　西大街（広仁大街）西大街シイダアジィエ
- □　文廟 文庙ウェンミャオ
- □　城隍廟 城隍庙チャンフゥアンミャオ

【MEMO】

来の北方民族の伝統で、大ハーンとして北方民族に接した清朝第２代皇帝ホンタイジの 1636 年の即位にあたっても催された）。乾隆帝の題した「万樹園」の石碑も立つ。

蒙古包 蒙古包 **méng gǔ bāo モォングゥバァオ**［★★☆］

羊や馬を連れて牧草地を移動しながら、遊牧生活を送ったモンゴル族。このモンゴル族の生活にあわせた移動式住居が「ゲル」で、中国語では「包（パオ）」と呼ぶ（パオは満州語起源の中国語）。柳の枝などを骨状に組みあわせ、うえからフェルトをかけて円すいの天幕をつくる「包（パオ）」。早い者は

15分で組み立てると言われる（避暑山荘を築いた康熙帝はモンゴル族の母親をもち、自身もモンゴル語が堪能だった）。この蒙古包は平原区の一角にならび、1933～45年の満洲国時代には近くに日本の西部地区防衛司令部もあった。

永佑寺 永佑寺 yǒng yòu sì ヨォンヨウスウ ［★★☆］

1751年、避暑山荘を造営した第4代康熙帝をまつるため、孫の第6代乾隆帝の命で建てられた永佑寺。平原区でもっとも大きな規模をもつ建築で、チベット仏教ではなく、漢族の中国仏教寺院となっている。伽藍背後には10年の月日をか

けて 1771 年に完成した、八角、高さ 66m の永佑寺舎利塔が立つ。この塔は乾隆帝が愛した江南の杭州六和塔と南京報恩寺塔がもとにされている（乾隆帝はしばしば南巡し、江南の庭園や建造物を北方に移築した）。

乾隆帝が次々に建てた巨大建築

清朝第 4 代康熙帝時代（在位 1661 ～ 1722 年）に造営された避暑山荘は、第 6 代乾隆帝時代（在位 1735 ～ 95 年）に大規模な拡張、多くの寺院が建設された。乾隆帝は皇太后をともなって、1741 年にはじめて承徳を訪れ、以来、1795 年まで

▲左　モンゴル族の移動式住居「包（パオ）」も再現されている。　▲右　舎利塔は江南の仏塔を模して建てられた

ほとんど毎年、避暑山荘で夏を過ごしている。華美を好む乾隆帝は避暑山荘と承徳の街に、永祐寺、水月庵、碧峰寺、鷲雲寺といった仏教寺院、承徳市街の文廟や城隍廟、外八廟の普陀宗乗之廟や須弥福寿之廟などの大型建築を次々に建てていった。こうした寺廟の造営は乾隆帝時代、辺境の異民族を清朝の領域におさめ、それら各地の建築を承徳に再現したことと対応する。

イギリス最初の使節団マカートニー

1793年、避暑山荘で祝われた乾隆帝の誕生日にあわせて、

イギリスから派遣されたマカートニーの使節。万寿園には朝鮮、ベトナム、ビルマの使節も集まり、イギリス人マカートニーにも皇帝に対して行なう三跪九叩頭の礼が求められた。ジョージ3世の命を受けていたマカートニーは中国側の要求を拒否し、特別に片膝をついて挨拶するイギリス式の儀礼が認められた。一方でイギリスの望む交易の拡大などの要求は清朝にことごとく退けられ、あくまで朝貢使節のひとつとして扱われた（片膝をつく挨拶が認められたのは、遠方からやってきた使節への配慮だった）。これが中国にやってきたイギリス最初の使節団で、当時の清朝とイギリスの力関係を示す

ものだったが、やがて150年後のアヘン戦争（1840～42年）以後、両者の力関係は逆転していくことになる。

山巒区 山峦区**shān luán qū シャンルゥアンチュウ**［★☆☆］
避暑山荘の5分の4もの面積を占める山巒区。地形にそって「松雲峡」「梨樹峪」「松林峪」「榛子峪」といった谷が走り、広大な敷地のなかに仏教や道教寺院、亭が点在する。山巒区の嶺に立つ亭の「南山積雪」「錘峰落照」「四面雲山」が景勝地となっているほか、泰山の碧霞祠を模した「広元宮」も位置する。瀑布や谷、森林では四季折々の美しい景色が移ろう。

モンゴル
チベット
と承徳

清朝の縮図と言われた承徳
現在の中華人民共和国の領土は
清朝のそれを受け継ぐ

中国と満州族

中国東北地方を出自とする非漢族のツングース系民族で、金や清朝を樹立した満州族（清朝は1644年、万里の長城を越えて入関し、北京に都をおいた）。満州族はもともと農耕狩猟民で、シャーマニズムに近い信仰をもつ性格は、北京や承徳の宮殿や皇室のありかたにも影響をあたえた。満州族の男子は「八旗」と呼ばれる旗のもとに統率され、それぞれが官吏と軍人を兼ねて、膨大な人口の漢族にのぞんだ。満州族という名前は、東方を支配する文殊菩薩に由来すると言われ、人びとは仏教を信仰した（ダライ・ラマ5世によって満州族と文殊菩薩の関係が指摘された)。また中国本土に入関する以前の1639年、チベットの使節が瀋陽を訪れ、清朝はモンゴル族への強い影響力をもつチベット仏教を保護するようになった。清朝がもたらした文化として、北京官話（普通語)、旗袍（チャイナ・ドレス)、辮髪などがあげられる。

中国とモンゴル族

モンゴル族の元（1260～1368年）は大都（北京）に都をおいて中国全土を統治した。元では、イスラム教徒の色目人が官吏となり、またフビライ・ハンの信任を得たチベット仏教

▲左　瑠璃牌楼、ここから先に伽藍が続く。　▲右　一度まわすと経典を読んだ分の功徳があるというマニ車

のパスパが国師となった。漢族の宗教でなかったことや、遊牧民にとっても共感しやすい神秘性などを備えていたこともあって、このときモンゴルとチベット仏教の関係がはじまった。モンゴル族のあいだにチベット仏教が本格的に広まっていくのは、万里の長城以北にあった北元時代（長城以南は明が統治した）のことで、チベット仏教「ダライ・ラマ」の称号は1571年、モンゴル族のアルタン・ハンが送ったもの。清朝はチンギス・ハン以来の北方民族の伝統を受け継ぎ、元以来の「玉璽」を清朝皇帝が手にしていた。またモンゴル諸部族のなかでジュンガル部は最後まで清朝と対立したが、乾

隆帝（在位 1735 ～ 95 年）時代にジュンガル部の版図もとり込まれ、そこに「新疆」がおかれた。

中国とチベット族

殷（～紀元前 1050 年ごろ）の甲骨文に見える「氐」や「羌」は、チベット系の人々であるとされる。チベット族の暮らすチベット高原は標高 4000 ～ 5000m の乾燥地帯で、降水量が少ないことから、ヤクを家畜化するなど、その環境への適応が求められた。チベットをはじめて統一したのが、7 世紀のソンチェン・ガンポ王で、インド仏教を受容し、くわえてシャーマニズム色の濃いチベット仏教が信仰されるようになった。やがてチベット仏教はモンゴル人のあいだ大きな影響力をもつようになったほか、1652～53年、清朝第3代順治帝はダライ・ラマ5世を北京に招き、会見している。チベット側から見れば、元朝のときと同様に清朝皇帝を大施主と見なし、一方、清朝側はチベット仏教の権威をもって藩部の少数民族を統治しようとした。

清朝のたくみな統治

農耕生活を送る南の漢族と、遊牧生活を糧とする北のモンゴル族。清朝統治者の満州族は農耕狩猟民で、双方の生活に通じていたことから、両者の利害関係が衝突することを懸念していた。モンゴルの放牧地が開墾されて農地になることや、遊牧民が貨幣経済に組み込まれて困窮するのを避けるため、人口の多い漢族がモンゴルの土地へ移住することを原則、禁じていた。また万里の長城以北の承徳に避暑山荘が築かれたのは、清朝皇帝が夏を過ごす行宮をおくことで、夏、牧草地を求めるモンゴル族の南下をふせぐ意図があったという（夏の牧草地に「皇帝＝大ハーン」がいるため、それ以上南下できない）。

【MEMO】

Guide, Wai Ba Miao Bei
外八廟北鑑賞案内

避暑山荘に隣接して立ちならぶ外八廟
チベット仏教など宗教の力で
多様な民族を統治する意味合いがあった

外八廟 外八庙 wài bā miào ワァイバアミャオ［★★★］

避暑山荘をとり囲むように、東側と北側に展開する外八廟。北京にあった八大廟に対して、北京の外にあることから外八廟と呼ぶ（実際、外八廟には 11 の寺廟があったが、そのうち 8 つを清朝の担当部署が管理していた）。溥仁寺、溥善寺、殊像寺、羅漢堂といった漢族の中国仏教寺院、普陀宗乗之廟、須弥福寿之廟といったチベット仏教寺院が残るほか、普寧寺、安遠廟、普楽寺は前方が中国仏教、後方がチベット仏教の様式をもつ。1713 年、康熙帝の命で避暑山荘東側から建設がはじまり、乾隆帝は避暑山荘北側に巨大建築を建て、1780

年の須弥福寿之廟で外八廟は完成した（とくに乾隆帝時代の1755年以後は次々に寺院が建てられていった）。外八廟の建立時期は、清朝の中央アジアへの領土拡大時期と重なり、清朝に帰順したモンゴル族やチベット族など藩部の建築が外八廟で再現されることになった。

普陀宗乗之廟 普陀宗乘之庙 **pǔ tuó zōng chéng zhī miào**
プウトゥオツォンチャンチイミャオ［★★★］

承徳でもっとも巨大な寺院で、チベット（ラサ）のダライ・ラマの宮殿「ポタラ宮」が模された普陀宗乗之廟。乾隆帝の60歳と母皇后の80歳を祝うため、4年の月日をかけて1771年に完成した。丘陵南斜面から獅子谷をのぞみ、前方は中国風の山門、碑亭、牌楼の中軸線をもつものの、後方は丘陵の地形にあわせて伽藍が展開するチベット建築となっている。紅と白の色彩の強烈な対比、石づくりで直線の壁面、平屋根の風貌から「小ポタラ宮（普陀宗乗之廟）」の愛称でも親し

【地図】普陀宗乗之廟の［★★★］

- □ 外八廟 外八庙ワァイバアミャオ
- □ 普陀宗乗之廟 普陀宗乘之庙
  プウトゥオツォンチャンチイミャオ
- □ 須弥福寿之廟 须弥福寿之庙
  スウミイフウショウチイミャオ
- □ 普寧寺 普宁寺プウニィンスウ
- □ 避暑山荘 避暑山庄ビイシュウシャンチュゥアン

【地図】普陀宗乗之廟の［★☆☆］

- □ 殊像寺 殊像寺シュウシィアンスウ
- □ 安遠廟 安远庙アンユゥエンミャオ

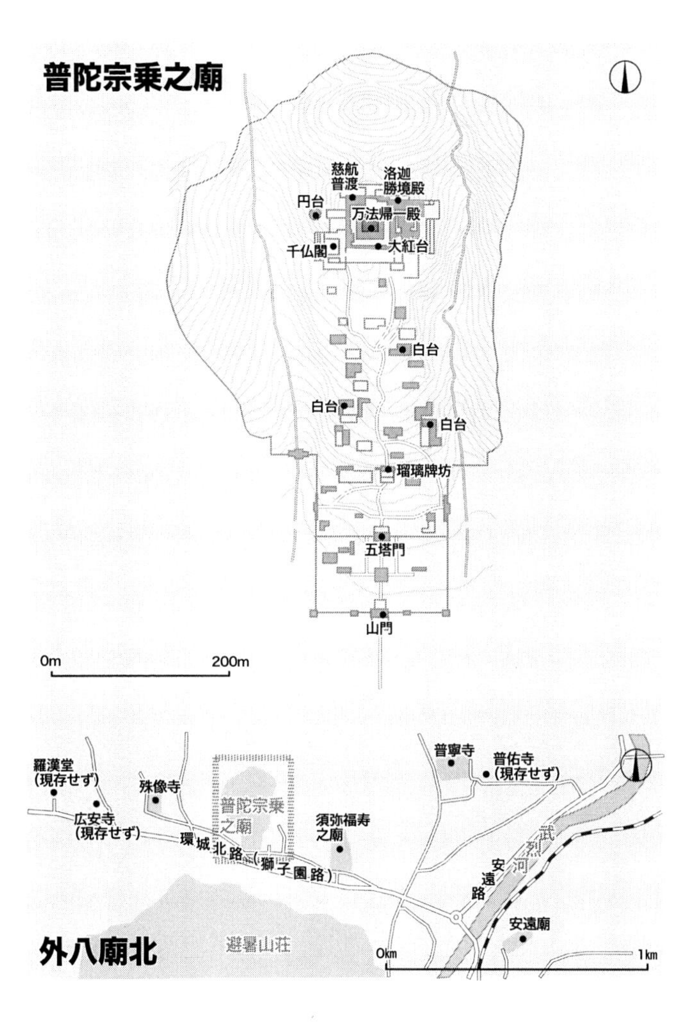
普陀宗乗之廟
慈航
普渡
洛迦
勝境殿
円台
万法帰一殿
千仏閣
大紅台
白台
白台
白台
瑠璃牌坊
五塔門
山門
0m
200m
羅漢堂
(現存せず)
殊像寺
広安寺
(現存せず)
普陀宗乗
之廟
須弥福寿
之廟
環城北路(獅子園路)
普寧寺
普佑寺
(現存せず)
武烈河
安遠路
安遠廟
避暑山荘
外八廟北
0km
1km

まれている（ポタラ「普陀」という名称は観音の霊場を指し、ダライ・ラマはその化身とされる。ダライ・ラマは承徳を訪れていない)。ポタラ宮同様、普陀宗乗之廟の山頂部に大紅台が立ち、高さ43mの威容は乾隆帝が有事の際に要塞への転用を考えていたものともいう。この大紅台に施された幾何学的な配置の窓は、下部は土台でなかに部屋はない場合もあるなど、装飾的な意味合いが強い。大紅台の中心部には、59トンの銅、880キロの黄金を使った四角錐の屋根をもつ万法帰一殿が立つほか、一度まわすとお経を読んだ功徳があるというチベット仏教のマニ車、仏像、タンカ、法具なども見える。

▲左　ラサのポタラ宮がここで再現された。　▲右　タルチョがはためく普陀宗乗之廟の内部

トルグートの帰順

普陀宗乗之廟の寺院建立にあたって、記念するべき3つの慶事のうちのひとつとして、トルグート族の清朝への帰順があげられる。トルグート族はモンゴル系オイラートの一派で、ジュンガル部に追い出されるかたちで、17世紀、ロシアのヴォルガ河畔で暮らしていた。18世紀に清朝乾隆帝がジュンガル部を討つと、このトルグート族は清朝の領土（新疆）に自らの意思で帰ってきたことから、乾隆帝を大いに喜ばせた。乾隆帝の徳をしたったからだとも、ロシア正教を保護するロシアに対して、清朝がチベット仏教を保護していたから

だとも言う。トルグート族は承徳避暑山荘で乾隆帝に謁見し、皇帝とともに狩猟に出かけた。なお、このときヴォルガ河が凍結していなかったため、東遷できなかったカルムイク族は現在もロシア連邦内に暮らしていて、レーニンはその血を受け継いでいる。

須弥福寿之廟 须弥福寿之庙
xū mí fú shòu zhī miào
スウミイフウショウチイミャオ［★★★］

須弥福寿之廟は隣接する普陀宗乗之廟（ラサのポタラ宮）に対して、もうひとりのチベット仏教指導者のパンチェン・ラマの住むシガツェのタシルンポ寺が模されている。外八廟の最後をかざるように乾隆帝の70歳を祝う目的で1780年に建てられ、チベットからここへやって来たパンチェン・ラマ6世の行宮にもなった（そのため班禅行宮とも呼ばれる）。須弥福寿之廟という名前は、「サンスクリット語のスメール山、

【地図】須弥福寿之廟の［★★★］

□ 外八廟 外八庙ワァイバアミャオ
□ 普陀宗乗之廟 普陀宗乘之庙
プウトゥオツォンチャンチイミャオ
□ 須弥福寿之廟 须弥福寿之庙
スウミイフウショウチイミャオ
□ 普寧寺 普宁寺プウニィンスウ
□ 避暑山荘 避暑山庄ビイシュウシャンチュゥアン

【地図】須弥福寿之廟の［★☆☆］

□ 殊像寺 殊像寺シュウシィアンスウ
□ 安遠廟 安远庙アンユゥエンミャオ

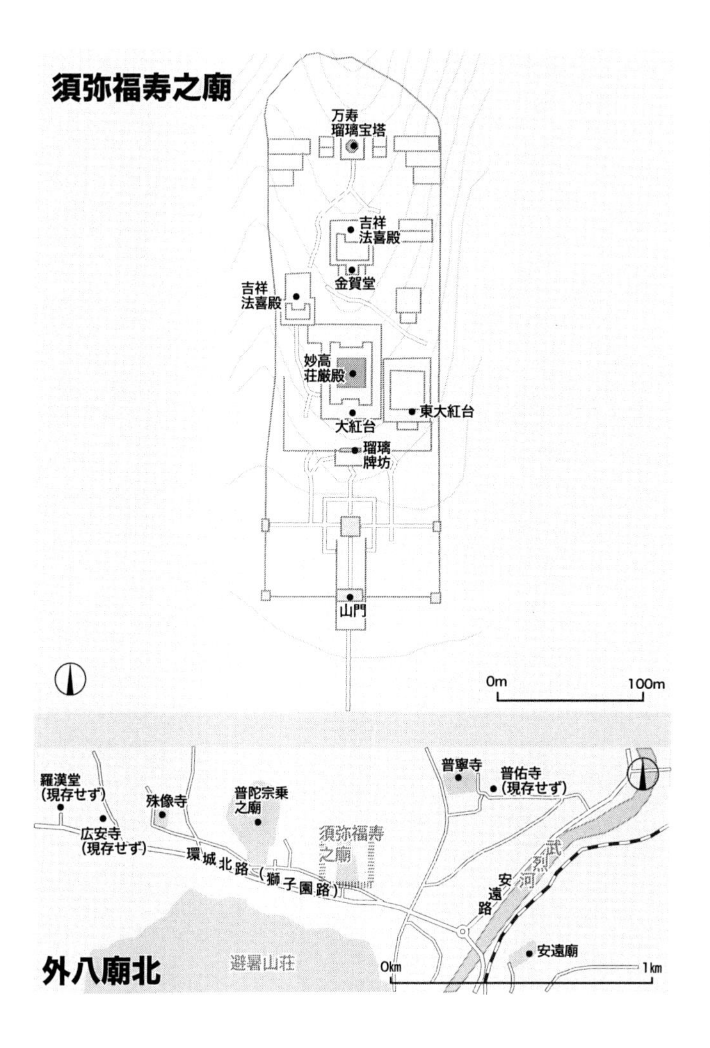
須弥福寿之廟
万寿
瑠璃宝塔
吉祥
法喜殿
金賀堂
吉祥
法喜殿
妙高
荘厳殿
東大紅台
大紅台
瑠璃
牌坊
山門
0m
100m
羅漢堂
(現存せず)
殊像寺
普陀宗乗
之廟
広安寺
(現存せず)
環城北路(獅子園路)
須弥福寿
之廟
普寧寺
普佑寺
(現存せず)
安遠路
武烈河
安遠廟
避暑山荘
外八廟北
0km
1km

河北省

チベット語ではルンポ（須弥）」と「幸福と長寿、チベット語ではタシ（福寿）」を漢訳したものとなっている。ダライ・ラマにくらべて中国よりの立場をとったパンチェン・ラマの性格を示すように、中軸線に展開する中国風伽藍をもつ。「回の字」型の大紅台の中心には吉祥法喜殿が立ち、最奥には乾隆帝の生誕と長寿を祝う八角七層の万寿瑠璃宝塔がそびえる。須弥福寿之廟でパンチェン・ラマ6世は40日のあいだ滞在し、乾隆帝自らがこの行宮を訪れるほどの歓待を受けた。

▲左　こちらはシガツェのタシルンポ寺を模した須弥福寿之廟。　▲右　紅と白の鮮烈な対比が見られる

パンチェン・ラマと承徳

双方とも高僧の生まれ変わり活仏として信仰を集め、ラサのポタラ宮に住したチベット仏教最高者のダライ・ラマに対して、パンチェン・ラマはチベット第2の都市シガツェのタシルンポ寺に住していた。清朝は少数民族への影響力をもつこれらチベット仏教指導者を重視し、とくにダライ・ラマへの牽制もあってパンチェン・ラマを重視した（チベット側からは元代と同じく、清朝皇帝を大施主と見なした）。パンチェン・ラマ6世は1779年、高僧100人、僧侶や官吏2000人を引き連れて承徳を訪れたが、イギリス使節のマカートニーに

要求した三跪九叩頭の礼を、パンチェン・ラマ6世には要求しないなど別格の扱いがとられた。乾隆帝はパンチェン・ラマ6世と話すためにチベット語を勉強したと言われ、避暑山荘の宴では花火、モンゴル相撲、競馬、音楽会などが催された。パンチェン・ラマ6世は承徳から北京に遷ったが、まもなく天然痘がもとで西黄寺でなくなった。

殊像寺 殊像寺 **shū xiàng sì シュウシィアンスウ**［★☆☆］

普陀宗乗之廟の西側に立つ殊像寺は、漢族の信仰した中国仏教寺院。1761年、乾隆帝は母皇太后とともに文殊菩薩の霊場の五台山殊像寺に参り、1774年、それをならって承徳にも同様の様式の寺院を建立した。満州族は文殊菩薩と深い関わりをもち、殊像寺の文殊菩薩像は乾隆帝自身を示すとも言われた。殊像寺に住持する僧侶はみな満州族であったことから、殊像寺は「満州族の家廟」とも呼ばれた。

広安寺 广安寺 **guǎng ān sì グゥアンアンスウ［現存せず］**

現存しないが、かつて殊像寺と羅漢堂のあいだにあった広安寺。1772年、皇太后の誕生祝いのために建てられ、やがて皇太后がなくなったため、チベット式の戒壇（戒台）がおか

河北省

れることになった。

羅漢堂 罗汉堂 **luó hàn táng ルゥオハンタァン［現存せず］**
かつて承徳獅子溝の最西端に立っていた羅漢堂。乾隆帝は浙江省海寧県安国寺の羅漢堂にならって、この地にも五百羅漢像をまつる廟を建てた。堂は現存せず、地名として残り、羅漢像は普寧寺の配殿に遷されている。

▲左　「凸の字」型をした普寧寺の大乗閣。　▲右　中国仏教とチベット仏教が融合した伽藍

普寧寺 普宁寺 pǔ níng sì プウニィンスウ［★★★］

巨大な木造大仏があることから、「大仏寺」の名前でも知られる普寧寺。1755年、乾隆帝による最初の外八廟で、康熙帝時代からの懸案であった中央アジアのジュンガル部を平定したことを記念して建てられた。前方の鼓楼、天王殿、大雄宝殿は中国仏教様式、後方はチベット仏教寺院の様式をもち、チベット最古のサムエ寺（インドのビハールから伝わった様式をもつ仏教寺院）が模されている。大雄宝殿の奥に大乗閣があり、「凸字型」の外見は下層は「チベット」、中層は「中国」、上層は「インド」の造形の影響が見える（前から6層、

【地図】普寧寺の［★★★］

- □ 外八廟 外八庙ワァイバアミャオ
- □ 普陀宗乗之廟 普陀宗乘之庙 プウトゥオツォンチャンチイミャオ
- □ 須弥福寿之廟 须弥福寿之庙 スウミイフウショウチイミャオ
- □ 普寧寺 普宁寺プウニィンスウ
- □ 避暑山荘 避暑山庄ビイシュウシャンチュゥアン

【地図】普寧寺の［★☆☆］

- □ 殊像寺 殊像寺シュウシィアンスウ
- □ 安遠廟 安远庙アンユゥエンミャオ

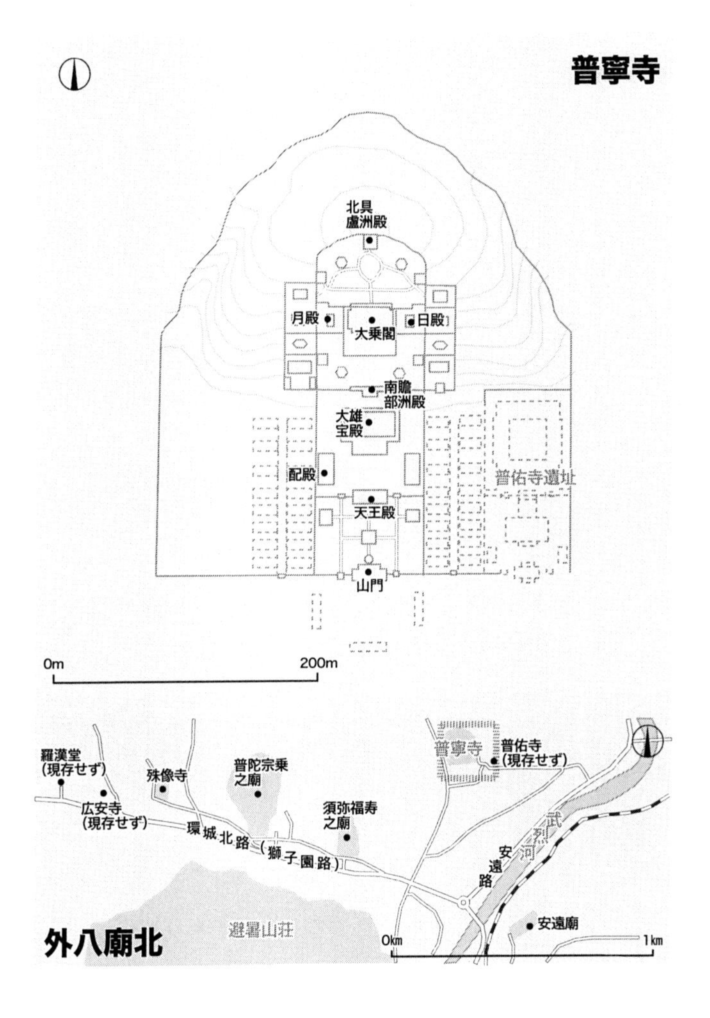
普寧寺
北具
盧洲殿
月殿
日殿
大乗閣
南贍
部洲殿
大雄
宝殿
配殿
普佑寺遺址
天王殿
山門
0m
200m
羅漢堂
(現存せず)
殊像寺
普陀宗乗
之廟
普寧寺
普佑寺
(現存せず)
広安寺
(現存せず)
須弥福寿
之廟
環城北路（獅子園路）
武烈河
安遠路
安遠廟
避暑山荘
外八廟北
0km
1km

後ろからは4層、横からは5層に見える)。この大乗閣内部いっぱいに高さ22.28m、重さ110トンの巨大な千手観音像が立ち、千の手と千の目で人びとを救済するという。普寧寺の大仏は1本の楡の大木から彫られたとも言うが、実際は柏、松、杉、楡などからつくられている。

ジュンガル部の平定と新疆の設置

内蒙古(中国内蒙古自治区)、外蒙古(モンゴル国)のモンゴル諸部族が清朝に帰順したあとも、ジュンガル部は現在の新疆ウイグル自治区で独立した勢力をもっていた。1688年、ジュンガル部ガルダン（1645～97年）が外蒙古遠征を行ない、そこにいたハルハ部族は内蒙古へ移動して清朝第4代康熙帝に助けを求めた。こうして清朝とジュンガル部の対立が明確になり、康熙帝が1689年にネルチンスク条約でロシアとの国境を確定させたのも、対ジュンガル部政策だったという。時代がくだった第6代乾隆帝時代、ガルダンの死後の後継者争いからジュンガル部は弱体化し、1755年、乾隆帝はイリのジュンガル部を討伐した。天山山脈北側のジュンガリアと南側のイスラム教徒の土地を制圧した清朝はこの地を「新疆」と呼んだ。中国の領土は史上最大になり、現在の新疆ウイグル自治区の行政区はこのとき以来のものとなっている。

普佑寺 普佑寺 **pǔ yòu sì プウヨォゥスウ［現存せず］**

かつて普寧寺に隣接して立っていた普佑寺。1760年の建造で、チベット仏教の経学院となっていた（鼓楼や鐘楼はなく、普佑寺に付属した）。ここで中国仏教、密教、暦、医学などが研究されたが、1964年の落雷で消失した。またこちらも現存していないが、普佑寺のさらに東に普寧寺に付属する広縁寺もあった。

CHINA
河北省

Guide, Wai Ba Miao Dong
外八廟東鑑賞案内

巨大チベット仏教寺院が立つ外八廟北に対して
外八廟東は、それより以前に建てられた
中国仏教寺院や折衷様式の寺院が見られる

安遠廟 安远庙 **ān yuǎn miào アンユゥエンミャオ**［★☆☆］
普楽寺の北側に立ち、「遠きを安んじる」を意味する寺名をもつ安遠廟（「辺疆を鎮め安んじ、遠国の者を安んじ、心服させる」）。1755年、ジュンガル部を平定し、1757年、そのなかの一部の人びとが承徳に移住した。1764年、チベット仏教を信仰していたジュンガル部の人びとのために、ジュンガル部の故地イリのクルザ廟を模して安遠廟は建てられた。チベット寺院風の基壇のうえに2層の楼閣が立ち、黒色の瑠璃瓦がふかれている。イリ廟とも呼ばれる。

普楽寺 普乐寺 **pǔ lè sì プウラアスウ**［★★☆］

溥仁寺と安遠廟のあいだにあった土地に建てられた普楽寺。乾隆帝が天山山脈南の回部も平定して新疆がおかれると、イスラム教徒のカザフ族、ウイグル族、キルギス族などの少数民族が承徳に謁見に訪れるようになった（1760年、東トルキスタンを征服したことでイスラム教徒集住地域が清朝の版図に入った）。普楽寺はこれらの人びとのために1766年に建てられ、普楽寺という名前は范仲淹『岳陽楼記』の「先憂後楽（天下の楽しみのあとに自らは楽しむ）」からとられている。伽藍は西向きで、北京の天壇を模した黄金の瑠璃瓦がふかれ

【地図】外八廟東の［★★★］

□　避暑山荘 避暑山庄ビイシュウシャンチュゥアン

【地図】外八廟東の［★★☆］

□　普楽寺 普乐寺プウラアスウ

□　永佑寺 永佑寺ヨォンヨウスウ

【地図】外八廟東の［★☆☆］

□　安遠廟 安远庙アンユゥエンミャオ

□　溥仁寺 溥仁寺プウレンスウ

□　熱河古生物化石博物館 热河古生物化石博物馆
　　ルウハアグウシェンウウフゥアシイボオウウグゥアン

□　五窯溝古窯 五窑沟古窑ウウヤァオゴォウグウヤァオ

□　磬錘峰国家森林公園 磬锤峰国家森林公园
　　チィンチュイフェングゥオジィアセンリィンゴォン
ユゥエン

□　武烈河 武烈河ウウリィエハァ

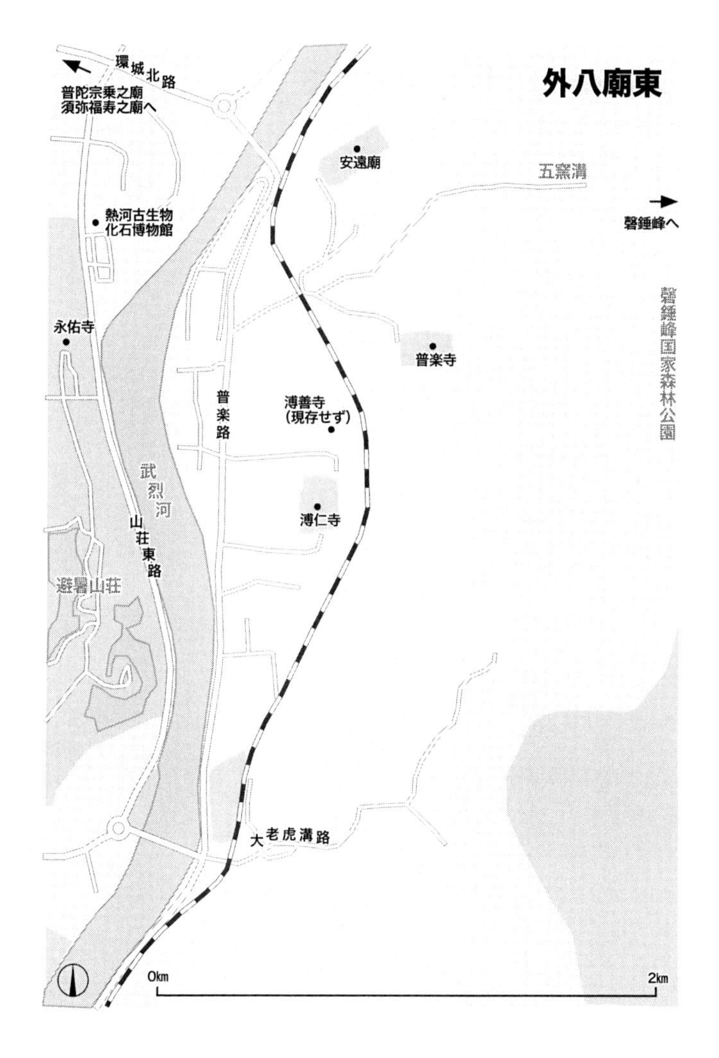
外八廟東
環城北路
普陀宗乗之廟
須弥福寿之廟へ
安遠廟
五窯溝
磬錘峰へ
熱河古生物
化石博物館
永佑寺
普楽寺
磬錘峰国家森林公園
溥善寺
(現存せず)
普楽路
武烈河
溥仁寺
山荘東路
避暑山荘
大老虎溝路
0km
2km

た円形の旭光閣には勝楽金剛双身銅像が安置されている。

溥仁寺 溥仁寺 **pǔ rén sì プウレンスウ**［★☆☆］

避暑山荘の東側に立つ溥仁寺は､清朝第4代康熙帝の60歳を祝ったモンゴル諸侯の要請で建てられた。1713年の建立で、「あまねく愛が行き渡る」溥仁寺と名づけられている。この溥仁寺（前寺）は北側の溥善寺（後寺）と対応し、モンゴル人たちは前者をホホ・スム（藍廟）、後ろをサラ・スム（黄廟）と呼んだ。溥仁寺の建立から外八廟の造営ははじまり、現存する唯一の康熙帝時代の外八廟となっている。中国仏教寺院の建築様式をもつ。

溥善寺 溥善寺 **pǔ shàn sì プウシャンスウ［現存せず］**

溥仁寺の北側に位置し、溥仁寺と同じ 1713 年に康熙帝の長寿を祝ったモンゴルの諸侯によって建てられた溥善寺。溥善寺とは「あまねく善が行き渡る」を意味する。現在は遺跡だけが残っている。

熱河古生物化石博物館 热河古生物化石博物馆
rè hé gǔ shēng wù huà shí bó wù guǎn
ルウハアグウシェンウウフゥアシイボオウウグゥアン［★☆☆］

承徳を中心とする一帯で発掘された古代生物の化石を収蔵す

る熱河古生物化石博覧館。遼寧省西部から河北省北東部にかけては、1920年代に堆積物から白亜紀の化石、とくに小さな魚類化石（リコプテラ）が多く出土した。火山活動が活発な時期に堆積し、火山灰層に包まれるかたちで恐竜、哺乳類、被子植物など、保存状態のよい化石が残った。これらの化石は「熱河統」「熱河動物群」と呼ばれ、戦前の日本人の満州土産としても知られたという。

打製石器と磨製石器

承徳は万里の長城を越えた河北省北東端に位置し、すぐ北側

▲左　北京天壇の祈念殿が再現された普楽寺旭光閣。　▲右　承徳のシンボル磬錘峰

は内蒙古自治区が広がる。承徳近郊では古い時代から人類の営みがあり、新石器時代の細石器（打製石器）と磨製石器の双方が見つかっている。草原地帯の遊牧民は細石器（打製石器）を使い、南の農耕民族は磨製石器を使ったことから、承徳の地は新石器時代から両者の交わる場所だということが証明された。

五窯溝古窯 五窑沟古窑
wǔ yáo gōu gǔ yáo ウウヤァオゴォウグウヤァオ［★☆☆］

承徳市街から北東6㎞に位置する小さな集落の五窯溝。五窯

という名前が示すように、乾隆帝の窯場がおかれていた。避暑山荘で使用する磚瓦や陶器がここで焼かれた。

磬錘峰国家森林公園 磬锤峰国家森林公园
qìng chuí fēng guó jiā sēn lín gōng yuán チィンチュイフェングゥオジィアセンリィンゴォンユゥエン ［★☆☆］

承徳避暑山荘の東方の棒槌山にそびえる磬錘峰。承徳のシンボルとも言える特徴的な外見をしていて、避暑山荘の借景にもなっている（洗濯棒のように岩のうえが太く、下がくびれている）。玉の分銅を倒立させたようなその姿から、第４代康熙帝は磬錘峰と名づけ、高さ38mの磬錘峰を中心に、あたり一帯は森林公園として整備された。この磬錘峰をめぐって、ある説話が伝わっている。昔むかし仙人がぼろの身なりをして承徳に降りてきた。承徳の人びとは老人に食べものやふとんを渡したため、仙人は感謝し、金の棒を棒槌山に突き刺して天界へ帰っていった。以来、承徳では豊作が続いたが、ある強欲な地主が金の棒を盗むことをくわだてた。地主が金の棒を手にしようとしたそのとき、金の棒も地主も岩に変わってしまった。このときの金の棒が磬錘峰だという。

Guide,
Cheng De Cheng Shi
承徳市街城市案内

避暑山荘の門前街として発展した承徳の街
麗正門の南側に徐々に形成されていき
漢族や満州族、回族、モンゴル族などが共存していた

承徳市街 承德城市
chéng dé chéng shì チァンダアァチャンシイ ［★★☆］

承徳市街は中国の伝統的な街と違って、整然とした街区をもたず、避暑山荘や川などの地形にあわせて市街が形成された(また周囲に城壁をもたない街でもあった)。承徳の街づくりをになったのが、長城を越えて移住してきた漢族の商人や農民で、チベット仏教の影響の強い外八廟に対して、漢族から信仰を集めた関帝廟、文廟、城隍廟などが位置する。盆地のほとんどを避暑山荘が占める承徳では自給自足ができず、内蒙古東部からの毛皮や薬剤、華北からの綿布、茶などの交易

によって街は発達した。1703年にほとんど何もなかった承徳も、乾隆帝時代の1782年の人口は4万1496人に達したという。

火神廟環島 火神庙环岛 **huǒ shén miào huán dǎo**
フゥオシェンミャオフゥアンダオ［★☆☆］

火神廟環島は、承徳市街の実質的な設立者である清朝第4代康熙帝の銅像が立つ円形ロータリー。火神廟環島の名前の通り、かつてここには承徳の人びとの信仰を集める火神廟があった（現存せず）。東北地方の農家のあいだでは、祖先の位牌、観音や財神、娘々女神とともに火神をまつる習慣があった。この火神廟は承徳の街がつくられてまもなくの 1711 年に建てられ、火の神や弥勒仏がまつられていた。元宵節（旧暦 1 月 15 日）、火神廟で火神の祭りが行なわれ、20 世紀初頭の中華民国時代まで続いたという（火事がなく、1 年平和に過ごせますようにと祈られた）。火神廟環島が各方向に道路の伸びる、承徳市街の中心地となっている。

【地図】承徳市街の［★★★］
- □ 避暑山荘 避暑山庄ビイシュウシャンチュゥアン
- □ 正宮 正宮チェンゴォン

【地図】承徳市街の［★★☆］
- □ 承徳市街 承徳城市チァンダアァチャンシイ

【地図】承徳市街の［★☆☆］
- □ 火神廟環島 火神庙环岛
  フゥオシェンミャオフゥアンダオ
- □ 西大街（広仁大街）西大街シイダアジィエ
- □ 文廟 文庙ウェンミャオ
- □ 城隍廟 城隍庙チャンフゥアンミャオ
- □ 西清真寺 西清真寺シイチンチェンスウ
- □ 南営子大街 南营子大街ナァンインツウダアジエ
- □ 中興路 中兴路チョンシィンルウ
- □ 熱河烈士紀念館 热河烈士纪念馆
  ルウハアリィエシイジイニィエングゥアン
- □ 武烈河 武烈河ウウリィエハァ
- □ 承徳駅 承徳站チァンダアァヂャン
- □ 魁星楼 魁星楼クゥイシィンロウ
- □ 関帝廟 关帝庙グゥアンディイミャオ

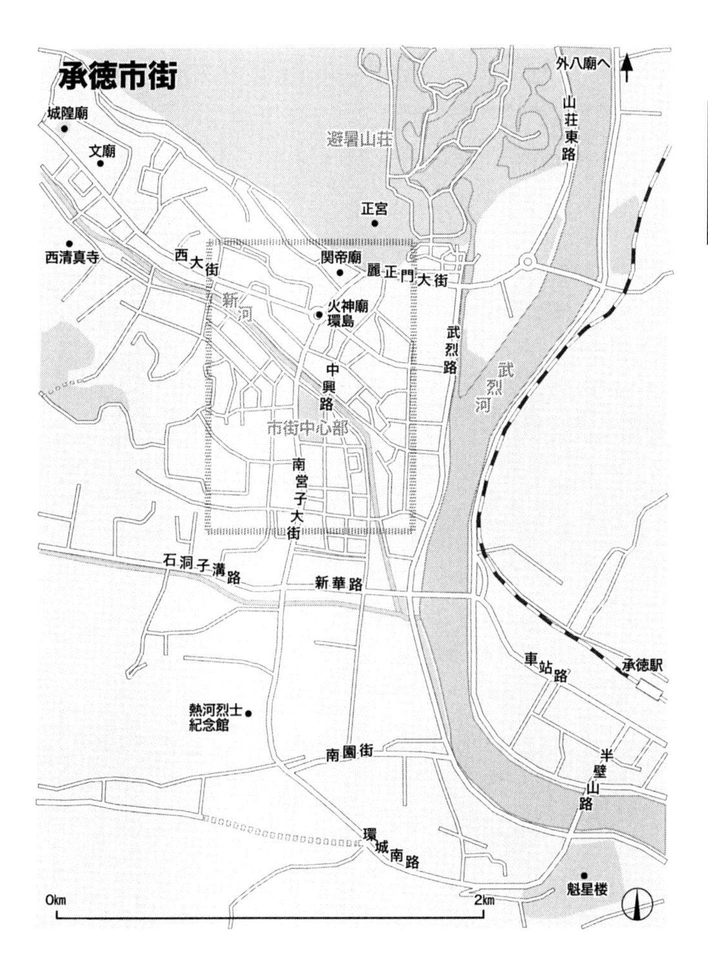
承徳市街
城隍廟
文廟
西清真寺
西大街
新河
避暑山荘
正宮
関帝廟
麗正門大街
火神廟環島
中興路
市街中心部
南営子大街
石洞子溝路
新華路
武烈路
武烈河
外八廟へ
山荘東路
車站路
承徳駅
半壁山路
熱河烈士紀念館
南園街
環城南路
魁星楼
0km
2km

【地図】市街中心部の［★★★］

□ 避暑山荘 避暑山庄ビイシュウシャンチュゥアン

【地図】市街中心部の［★★☆］

□ 承徳市街 承德城市チァンダアァチャンシイ

□ 麗正門 丽正门リイチェンメン

【地図】市街中心部の［★☆☆］

□ 火神廟環島 火神庙环岛
フゥオシェンミャオフゥアンダオ

□ 西大街（広仁大街）西大街シイダアジィエ

□ 南営子大街 南营子大街ナァンインツウダアジエ

□ 中興路 中兴路チョンシィンルウ

□ 康熙銅像 康熙铜像カァンシイトォンシィアン

□ 関帝廟 关帝庙グゥアンディイミャオ

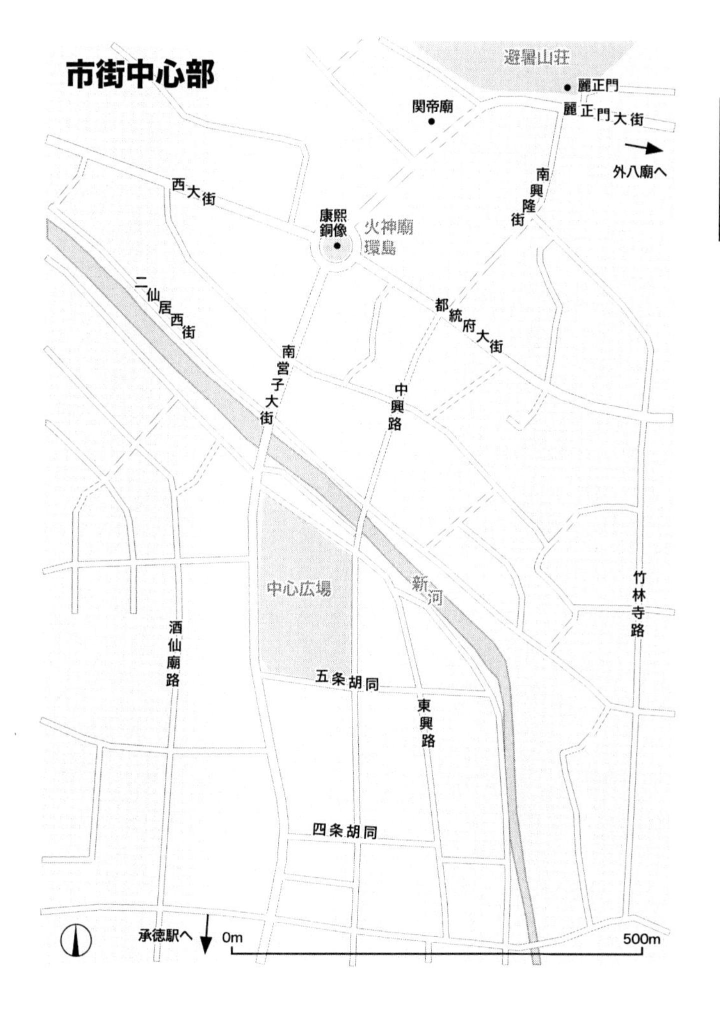
市街中心部
避暑山荘
麗正門
関帝廟
麗正門大街
外八廟へ
西大街
南興隆街
康熙銅像
火神廟環島
二仙居西街
都統府大街
南営子大街
中興路
新河
中心広場
竹林寺路
酒仙廟路
五条胡同
東興路
四条胡同
承徳駅へ
0m
500m

西大街（広仁大街） 西大街 **xī dà jiē シイダアジィエ**［★☆☆］

避暑山荘南側、火神廟環島から西に向かって伸びる西大街は、承徳避暑山荘と北京を結ぶ大通りだった（皇帝の通る御道で、火神廟街という名でも呼ばれた）。この西大街には3つの牌楼が立ち、西から行政区、高級住宅区（文廟、城隍廟が位置）、商業区（火神廟が位置）、軍事区（関帝廟が位置）と街区がわかれていた。あたりには承徳の商業をになった漢族や回族の人びとが暮らし、車馬やラクダが往来した。西大街に並行して流れる新河（人工河川）は、乾隆帝時代の1771年に開削された。

文廟 文庙 wén miào ウェンミャオ ［★☆☆］

「学問の神さま」孔子をまつる文廟は、清朝乾隆帝時代の1776年に建てられた。最初の祭祀は乾隆帝自らが行なったと伝えられ、以後、熱河都統による祭祀が続いた。中軸線上に建物が配置され、奥に崇聖祠が見えるほか、儒教の儀式に使う銅器や楽器が展示されている。承徳は古くは漢族の影響下になかったため、承徳に文廟が建てられたことは、この地にも儒教や科挙といった中華文明が行き届いたことを意味するのだという（旧満州では、東の海城とならんで西の承徳の文廟は第一の格式だった）。20世紀末の文化大革命で破壊さ

れたのち、21世紀に入ってから再建された。

城隍廟 城隍庙
chéng huáng miào チャンフゥアンミャオ [★☆☆]

文廟に隣接して立つ城隍廟には、承徳の都市の守り神がまつられている。清朝第6代乾隆帝時代の1772年に建てられ、雨乞いなども行なわれたという。城隍は都市の守り神であるとともに、冥界（死）をつかさどる性格ももつ。

▲左　外側を閉ざし、中庭をもつ華北の四合院建築が続く。　▲右　豊かな自然に囲まれた承徳市街

西清真寺 西清真寺
xī qīng zhēn sì シイチンチェンスウ［★☆☆］

承徳に暮らすイスラム教徒回族の人たちが集団礼拝に訪れる西清真寺（モスク）。イスラム教徒の回族は決まった時間のメッカへの礼拝、ぶた肉を食さないなどの信仰体系をもつため、白帽子をかぶり、集住している（商業やサービス業に従事していた）。当初、東清真寺があり、清朝乾隆帝時代に華北から承徳に移住する回族が増えたことから、1765 年、西清真寺が新たに建てられた。文革で破壊をこうむったのち、再建されて今にいたる。

南営子大街 南营子大街
nán yíng zǐ dà jiē ナァンインツウダアジエ ［★☆☆］

火神廟環島から南に伸びる承徳の目抜き通りのひとつ南営子大街。周囲には銀行、大型商業施設や店舗がならぶほか、承徳市民の集まる中心広場も位置する。

中興路 中兴路 **zhōng xìng lù チョンシィンルウ** ［★☆☆］

中興路はホテルやレストランがならぶ承徳の繁華街。あたりには細い路地や胡同も残る。

熱河烈士紀念館 热河烈士纪念馆 **rè hé liè shì jì niàn guăn ルウハアリィエシイジイニィエングゥアン**［★☆☆］

1937 ～ 45 年の日中戦争、1949 年までの国共内戦で生命を落とした烈士をまつる熱河烈士紀念館。戦前の日本統治時代(1933 ～ 45 年)、この地に承徳神社と忠霊塔があり、中華人民共和国成立後、熱河烈士紀念館となった。

武烈河 武烈河 **wŭ liè hé ウウリィエハァ**［★☆☆］

避暑山荘と承徳市街のある盆地を南北に流れる武烈河。避暑山荘内にある温泉が流入して、冬でも凍らないことから熱河

とも呼ばれ、承徳旧名の熱河の由来となった。この河はやがて灤河から欒州をへて渤海湾へと流れ、夏の増水期には舟曳の手を借りて物資を運ぶ船が遡行できた（承徳から欒州まで4日でくだれ、多くの船が往来したという）。そうしたことから、承徳市街南東部はちょうど港の役割を果たし、1713年、武烈河にのぞむ会龍山には航海の守り神をまつる海雲寺が建てられている。近代、承徳交通の起点にあたるこの場所に承徳鉄道駅が整備され、市街部と鉄道駅側を承徳大橋が結ぶ。

▲左　満州族の郷土料理「八大碗」。　▲右　凍てつくような寒さの承徳の冬

承徳駅 承徳站 **chéng dé zhàn チァンダアァヂャン**［★☆☆］
市街南東部に位置し、承徳の玄関口となる鉄道の承徳駅。現在も残る戦前に建てられた満鉄時代の駅は普寧寺風の外観をもち、周囲に日系のヤマトホテル、満鉄の宿舎や診療所がおかれていたという。避暑山荘まで2kmの距離。

魁星楼 魁星楼 **kuí xīng lóu クゥイシィンロウ**［★☆☆］
承徳市街南部に位置し、城壁の基壇部のうえに2層の楼閣が載る魁星楼。文書を管理する魁星神をまつった道教寺院で、1828年に建立された。官吏になるための試験の科挙にのぞ

む読書人たちの信仰を集めたほか、雨乞いも行なわれたという。

熱河省と熱河作戦

1912年に清朝が滅亡して中華民国が樹立された。日露戦争（1904～05年）以来、日本は大陸進出を進め、1932年、日本傀儡の満州国が樹立された。当時、満州国の南西に隣接して、承徳を省都とする熱河省（1928年～）があったが、万里の長城に接し、北京へ続く戦略上の重要性から、日本軍は1933年、熱河作戦を実行。承徳は満州国に組み込まれた。

1945年に満州国が滅亡する以前、承徳の人口5万1000人のうち日本人は4000人にのぼり、西大街には日本商工会、ジャパン・ツーリスト・ビューローの事務所もあったという（また1935年から、キリスト教の満州伝道会による熱河伝導も行なわれた）。熱河省は1956年に廃止され、河北省、遼寧省、内蒙古自治区へと分割された。

Guide, Cheng De Jiao Qu
承徳郊外城市案内

自然公園や湖、森林

承徳郊外には美しい景勝地がいくつも残り

市街南郊外は開発が進んでいる

承徳高新技術産業開発区 承德高新技术产业开发区
chéng dé gāo xīn jì shù chǎn yè kāi fā qū チァンダアァガオシィンジィシュウチャンイェカイファアチュウ［★☆☆］

承徳高新技術産業開発区は 1992 年以来おかれた承徳の開発区。市街の南郊外、武烈河沿いに整備され、高層ビルが立つほか、バイオ、機器、食料品などの工場が集まっている。

元宝山滑雪場 元宝山滑雪场
yuán bǎo shān huá xuě chǎng
ユゥエンバオシャンフゥアシュエチャン［★☆☆］

承徳市街から北京へ続く街道を通って西 7㎞に位置する元宝

【地図】承徳郊外の［★★☆］

□　金山嶺長城 金山岭长城ジンシャンリンチャァンチャン

【地図】承徳郊外の［★☆☆］

□　元宝山滑雪場 元宝山滑雪场
ユゥエンバオシャンフゥアシュエチャン

□　木蘭囲場 木兰围场ムウランウェイチャン

□　興隆県 兴隆县シィンロォンシィェン

□　潘家口水庫 潘家口水库パァンジィアコウシュイクウ

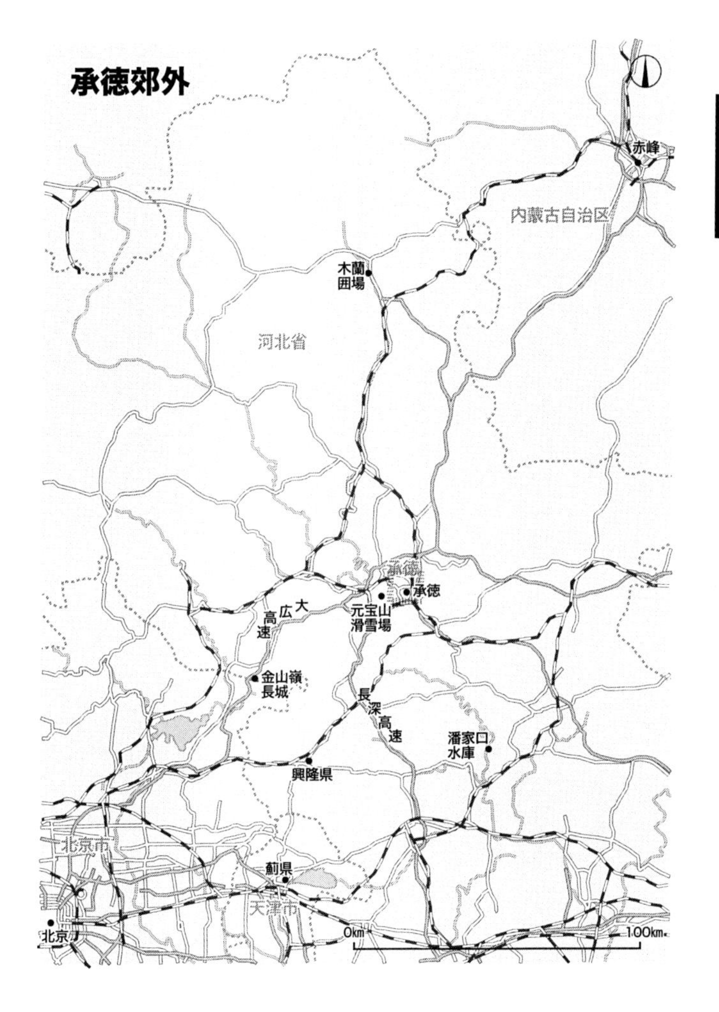
承徳郊外
赤峰
内蒙古自治区
木蘭
囲場
河北省
承徳
大
広
高
速
元宝山
滑雪場
金山嶺
長城
長
深
高
速
潘家口
水庫
興隆県
北京市
薊県
天津市
北京
0km
100km

山滑雪場。ゲレンデ、スイミングプールなどの施設が一体となったスノーリゾート地となっている。

木蘭囲場 木兰围场
mù lán wéi chăng ムウランウェイチャン［★☆☆］

承徳北部、内蒙古自治区に隣接する清朝皇室の狩猟場だった木蘭囲場。東西 150km、南北 100km、周囲 600kmの規模をもち、ちょうど現在の囲場県に相当する。契丹や女真族のあいだでは軍事演習を兼ねた集団狩猟が行なわれ、満州族の清朝でもそれが受け継がれた。この地はモンゴル族の遊牧地だったが、やがて1681年、清朝皇室の木蘭囲場となった（皇室や諸侯以外、一般の人が立ち入ることのできない空間だった）。木蘭とは満州語で「巻狩り」を意味し、豊かな森林、ひょうや鹿、熊、狼などの動物が生息する。承徳避暑山荘はこの木蘭囲場への足がかりとなる離宮として建造され、皇帝は避暑山荘で中秋祭まで過ごしてから、モンゴル諸侯を引き連れて狩猟に訪れた。康熙帝に従った官吏や兵は3万人にも及んだといい、木蘭囲場ですべての狩猟が終わると、モンゴル諸侯は草原へ帰っていった。

河北省

金山嶺長城 金山岭长城 **jīn shān lǐng cháng chéng**
ジンシャンリンチャァンチャン［★★☆］

北京市と河北省承徳市をわける境界上を走る万里の長城。金山嶺長城は河北省側の承徳灤平県に位置し、険しい丘陵の地形にそって龍の背のように続くことから、もっとも美しい万里の長城にもあげられる。明代の 1570 年、倭寇討伐でも知られた名将の戚継光によって築かれ、全長 50㎞の長城には 158 の敵楼が立つ。

▲左　長城線地帯で出合った牧畜民。　▲右　金山嶺長城は河北省承徳市側にある

興隆県 兴隆县
xīng lóng xiàn シィンロォンシィエン［★☆☆］

興隆県は承徳の南西 75kmに位置し、戦国時代の燕国の農具や工具の鉄器や銘文がこの地から出土している。また興隆県を中心とした長城地帯は戦前、満州国の国境地帯にあたり、日本軍によって無人区がつくられた地でもある（長城線一帯の街を焼き払った作戦を中国側は三光作戦と呼んでいる）。清水河穀国際養生度仮区、天子山自然生態旅遊区自然区などの自然区も多く残る。

潘家口水庫 潘家口水库

pān jiā kǒu shuǐ kù パァンジィアコウシュイクウ［★☆☆］

承徳市寛城満族自治県と唐山のあいだに位置する潘家口水庫。承徳方面から流れてくる灤河を堰きとめてつくられた巨大なダムで、1975年から建設がはじまった。山と地形の織りなす湖の姿が龍に似ていることから、潘龍湖とも呼ばれ、あたりは潘龍湖景区として整備されている。

城市のうつりかわり

CHINA
河北省

清朝皇帝がモンゴルやチベット諸侯と謁見した承徳
中華王朝の都「北京」、満州族の故地「瀋陽」
とならぶ清朝最重要都市でもあった

遼・金・元・明（～17世紀）

承徳は春秋戦国時代（紀元前770～前221年）に燕の領域だったものの、中原からは遠く離れ、烏孫、鮮卑、契丹といった遊牧民たちが割拠する土地であった。とくにモンゴル系契丹族の遼（916～1125年）、満州族の金（1115～1234年）は華北にも進出し、モンゴル族の元（1260～1368年）代、承徳はその一部族であるカラチン（喀喇沁）族の放牧地となっていた。こうしたなかで、漢民族がこの地に進出することもあったが、明（1368～1644年）代以後は万里の長城外はモンゴル族が行き交う遊牧世界だった。そして、ほとんど注目されることのない数十戸の寒村があるばかりだった。

清朝（17 ～ 20 世紀）

東北地方を出自とする満州族は、1644 年、第 3 代順治帝の時代に瀋陽から北京へ進出し、中華王朝となった。第 4 代康熙帝時代の 1681 年に皇室専用の木蘭囲場がおかれ、皇帝は狩猟と軍事演習を兼ねて長城以北の地を訪れていた。北京から木蘭囲場へ続く街道沿いにはいくつも行宮があり、1703 年、承徳の美しい風光、気候の清々しさを気に入った康熙帝はこの地に離宮「避暑山荘」の建設を命じた。避暑山荘の南側に都市が形成され、1723 年に熱河直隷庁、1733 年に承徳直隷州がおかれた（直隷省承徳府）。第 6 代乾隆帝は離宮の建築や外八廟を大規模に整備し、清朝のもとチベット仏教が保護された（清朝は中央アジアに領土を獲得し、その藩部に対する都となった）。時代はくだり、アロー号事件のさなかの 1860 年、英仏軍の北京侵入を受け、第 9 代咸豊帝は北京から避暑山荘に逃れた。

▲左　力強いゾウの銅像。　▲右　皇帝のみ使用を許された黄色の瑠璃瓦、複数種類の文字が記された扁額も見える

近代（20世紀）

清朝の衰退とともに、中国政治における承徳の地位は低下し、1912年に中華民国が成立すると、承徳避暑山荘は荒れていった。1928年、熱河省の設置とともに承徳は省都となり、張作霖の部下で馬賊出身の軍閥湯玉麟が根拠地とした。またこの時代、大陸進出していた日本は1932年、清朝のラストエンペラー愛新覚羅溥儀を執政とする日本傀儡の満州国を樹立した。承徳の位置する熱河省は、満州国に隣接し、北京へ続く軍事上の要衝であったことから、1933年、関東軍は熱河作戦を実施。承徳を満州国の版図とした（日本の関東軍は熱

河省も満州国の一部だと宣言したが、中国側は反発したため熱河作戦が実施された)。この時代、承徳には4000人の日本人が暮らし、日本人学者によって承徳避暑山荘や外八廟の詳細な調査が行なわれている。

現代(20世紀〜)

1949年に中華人民共和国成立し、1956年、熱河省は河北省、遼寧省、内蒙古自治区に分割された。河北省の北東に位置する承徳は、省のなかでも満州族、モンゴル族、回族、朝鮮族といった少数民族が多く暮らす地と知られ、窓に貼る剪紙の窓花様子などの伝統民芸も伝えられている。また豊富な地下資源をもとに工業化も進み、20世紀末、承徳市街の南郊外に開発区もつくられた。現在では、世界遺産に登録された避暑山荘と外八廟を中心とした河北省有数の観光地となっている。

参考文献

『清朝とは何か』(岡田英弘・宮脇淳子ほか執筆 / 藤原書店)

『熱河』(關野貞・竹島卓一 / 座右寶刊行會)

『承徳古建築』(天津大学建築系・承徳市文物局共編著 / 毎日コミュニケーションズ)

『熱河古蹟』(伊東祐信 / 伊東知恵子)

『熱河古蹟と西蔵芸術』(五十嵐牧太 / 第一書房)

『承徳と拉薩への紀行』(繭山康彦 / 日本美術工芸)

『中国河北省承徳市における寺・廟の建設意図の分析』(李海泉 / やまぐち地域社会研究)

『中国河北省承徳市における寺廟研究の変化をめぐって』(李海泉 / やまぐち地域社会研究)

『中国避暑山荘と承徳市の発達に関する研究』(畢鮮栄・渡辺貴介・十代田朗 / 都市計画論文集)

『河北省・承徳市 清朝皇帝の避暑山荘と外八廟』(劉世昭 / 人民中国)

『世界大百科事典』(平凡社)

中国承徳ガバメント（中国語）http://www.chengde.gov.cn/

承徳旅游网（中国語）http://www.cncdt.com/

［PDF］承徳 STAY（ホテル＆レストラン情報）http://machigotopub.com/pdf/chengdestay.pdf

まちごとパブリッシングの旅行ガイド

Machigoto INDIA , Machigoto ASIA , Machigoto CHINA

【北インド - まちごとインド】

001 はじめての北インド
002 はじめてのデリー
003 オールド・デリー
004 ニュー・デリー
005 南デリー
012 アーグラ
013 ファテープル・シークリー
014 バラナシ
015 サールナート
022 カージュラホ
032 アムリトサル

【西インド - まちごとインド】

001 はじめてのラジャスタン
002 ジャイプル
003 ジョードプル
004 ジャイサルメール
005 ウダイプル
006 アジメール（プシュカル）
007 ビカネール
008 シェカワティ
011 はじめてのマハラシュトラ
012 ムンバイ
013 プネー
014 アウランガバード
015 エローラ
016 アジャンタ
021 はじめてのグジャラート
022 アーメダバード
023 ヴァドダラー（チャンパネール）
024 ブジ（カッチ地方）

【東インド - まちごとインド】

002 コルカタ
012 ブッダガヤ

【南インド - まちごとインド】

001 はじめてのタミルナードゥ
002 チェンナイ
003 カーンチプラム
004 マハーバリプラム
005 タンジャヴール
006 クンバコナムとカーヴェリー・デルタ
007 ティルチラパッリ
008 マドゥライ
009 ラーメシュワラム
010 カニャークマリ
021 はじめてのケーララ
022 ティルヴァナンタプラム
023 バックウォーター（コッラム～アラップーザ）
024 コーチ（コーチン）
025 トリシュール

【ネパール - まちごとアジア】

001 はじめてのカトマンズ
002 カトマンズ
003 スワヤンブナート

004 パタン
005 バクタプル
006 ポカラ
007 ルンビニ
008 チトワン国立公園

【バングラデシュ - まちごとアジア】

---

001 はじめてのバングラデシュ
002 ダッカ
003 バゲルハット（クルナ）
004 シュンドルボン
005 プティア
006 モハスタン（ボグラ）
007 パハルプール

【パキスタン - まちごとアジア】

---

002 フンザ
003 ギルギット（KKH）
004 ラホール
005 ハラッパ
006 ムルタン

【イラン - まちごとアジア】

---

001 はじめてのイラン
002 テヘラン
003 イスファハン
004 シーラーズ
005 ペルセポリス
006 パサルガダエ（ナグシェ・ロスタム）
007 ヤズド
008 チョガ・ザンビル（アフヴァーズ）
009 タブリーズ
010 アルダビール

【北京 - まちごとチャイナ】

---

001 はじめての北京
002 故宮（天安門広場）
003 胡同と旧皇城
004 天壇と旧崇文区
005 瑠璃廠と旧宣武区
006 王府井と市街東部
007 北京動物園と市街西部
008 頤和園と西山
009 盧溝橋と周口店
010 万里の長城と明十三陵

【天津 - まちごとチャイナ】

---

001 はじめての天津
002 天津市街
003 浜海新区と市街南部
004 薊県と清東陵

【上海 - まちごとチャイナ】

---

001 はじめての上海
002 浦東新区
003 外灘と南京東路
004 淮海路と市街西部
005 虹口と市街北部
006 上海郊外（龍華・七宝・松江・嘉定）
007 水郷地帯（朱家角・周荘・同里・甪直）

【河北省 - まちごとチャイナ】

001 はじめての河北省
002 石家荘
003 秦皇島
004 承徳
005 張家口
006 保定
007 邯鄲

【江蘇省 - まちごとチャイナ】

001 はじめての江蘇省
002 はじめての蘇州
003 蘇州旧城
004 蘇州郊外と開発区
005 無錫
006 揚州
007 鎮江
008 はじめての南京
009 南京旧城
010 南京紫金山と下関
011 雨花台と南京郊外・開発区
012 徐州

【浙江省 - まちごとチャイナ】

001 はじめての浙江省
002 はじめての杭州
003 西湖と山林杭州
004 杭州旧城と開発区
005 紹興
006 はじめての寧波
007 寧波旧城
008 寧波郊外と開発区
009 普陀山
010 天台山
011 温州

【福建省 - まちごとチャイナ】

001 はじめての福建省
002 はじめての福州
003 福州旧城
004 福州郊外と開発区
005 武夷山
006 泉州
007 厦門
008 客家土楼

【広東省 - まちごとチャイナ】

001 はじめての広東省
002 はじめての広州
003 広州古城
004 天河と広州郊外
005 深圳（深セン）
006 東莞
007 開平（江門）
008 韶関
009 はじめての潮汕
010 潮州
011 汕頭

【遼寧省 - まちごとチャイナ】

001 はじめての遼寧省
002 はじめての大連
003 大連市街
004 旅順
005 金州新区

006 はじめての瀋陽
007 瀋陽故宮と旧市街
008 瀋陽駅と市街地
009 北陵と瀋陽郊外
010 撫順

【重慶 - まちごとチャイナ】

---

001 はじめての重慶
002 重慶市街
003 三峡下り（重慶～宜昌）
004 大足

【香港 - まちごとチャイナ】

---

001 はじめての香港
002 中環と香港島北岸
003 上環と香港島南岸
004 尖沙咀と九龍市街
005 九龍城と九龍郊外
006 新界
007 ランタオ島と島嶼部

【マカオ - まちごとチャイナ】

---

001 はじめてのマカオ
002 セナド広場とマカオ中心部
003 媽閣廟とマカオ半島南部
004 東望洋山とマカオ半島北部
005 新口岸とタイパ・コロアン

【Juo-Mujin（電子書籍のみ）】

Juo-Mujin 香港縦横無尽
Juo-Mujin 北京縦横無尽
Juo-Mujin 上海縦横無尽

【自力旅游中国 Tabisuru CHINA】

---

001 バスに揺られて「自力で長城」
002 バスに揺られて「自力で石家荘」
003 バスに揺られて「自力で承徳」
004 船に揺られて「自力で普陀山」
005 バスに揺られて「自力で天台山」
006 バスに揺られて「自力で秦皇島」
007 バスに揺られて「自力で張家口」
008 バスに揺られて「自力で邯鄲」
009 バスに揺られて「自力で保定」
010 バスに揺られて「自力で清東陵」
011 バスに揺られて「自力で潮州」
012 バスに揺られて「自力で汕頭」
013 バスに揺られて「自力で温州」

【車輪はつばさ】
南インドのアイ
ラヴァテシュワラ
寺院には建築本体
に車輪がついていて
寺院に乗った神さまが
人びとの想いを運ぶと言います。

・本書はオンデマンド印刷で作成されています。
・本書の内容に関するご意見、お問い合わせは、発行元の
まちごとパブリッシング info@machigotopub.com までお願いします。

まちごとチャイナ
河北省004承徳
〜避暑山荘と「清朝のすべて」[モノクロノートブック版]

2017年11月14日　発行

著　者　「アジア城市（まち）案内」制作委員会
発行者　赤松　耕次
発行所　まちごとパブリッシング株式会社
〒181-0013　東京都三鷹市下連雀4-4-36
URL　http://www.machigotopub.com/
発売元　株式会社デジタルパブリッシングサービス
〒162-0812　東京都新宿区西五軒町11-13
清水ビル3F
印刷・製本　株式会社デジタルパブリッシングサービス
URL　http://www.d-pub.co.jp/

MP167

ISBN978-4-86143-301-6 C0326　Printed in Japan